知っておきたいアメリカ意外史

杉田米行
Sugita Yoneyuki

a pilot of wisdom

まえがき

「アメリカは嫌いだ」という人もいれば、「アメリカは憧《あこが》れの国」だと思う人もいる。その是非は横におくとして、現在、アメリカは日本の同盟国であり、最も重要な国である。好きとか嫌いとかいう単純な価値判断だけですませることのできない存在だということは間違いない。

概して言えば、日本人の間では、アメリカに関する不正確な情報、不適切なイメージが蔓延《まんえん》し、本当の知識はまだまだ不足しているように思える。私たちが「正確な知識」と思い込んでいるものが、実は不正確なものであったり、単なるイメージであったり、幻想であったりすることもよく見られることである。

本書では、多くの日本人が知らない、しかし多くのアメリカ人にとっては常識とも言えるアメリカの一二の側面を紹介することで、その意外な姿を浮き彫りにし、アメリカとはどのような国なのか、考える材料を提供したい。

第一章「アメリカ史の裏側」では、独立宣言に始まる新興国アメリカの意外な歴史を取り上げる。

たとえば、崇高な理念を謳《うた》った「独立宣言」は有名だが、実際にその中身を読むと、当時のイギリス国王ジョージ三世に対する悪口や愚痴のオンパレードであることに違和感をもつ人も多いだろう。しかし、実はここが独立宣言の核心部分と言っても過言ではないのである。その理由は何なのか、一緒に考えていきたい。

また南北戦争は、約六二万人というアメリカ史上最大の死者を出した内戦だが、これは多くの日本人の常識と違い、奴隷解放を目的とした戦いではなかった。奴隷が解放されたのは、南北戦争の結果に過ぎないのだ。では、どうして南北戦争が起きたのか。

第二章「不可思議な政治・経済」では、超大国アメリカの、ほかの国には見られない不思議とも思える政治や経済のあり方について見ていきたい。

たとえば、その二大政党制である。現在のアメリカでは、ごく大ざっぱに言えば民主党がリベラル、共和党が保守と見られることが多い。しかし歴史を振り返れば、この立場が逆だったこともあるのだ。そもそもアメリカの二大政党は、いつ、どのようにして形成されていったのだろうか。こうした点に光を当てていきたい。

第三章は、「『アメリカの戦争』を検証する」として、アメリカという国を語る上で避けて通れない「戦争」について考えてみたい。

たとえば、カリフォルニア州とテキサス州は、アメリカで人口の一位と二位を占める重要な州だが、一九世紀前半はメキシコの領土であった。これがアメリカの領土となるには、戦争というできごとが不可欠だったのである。当然、そこには陰謀もあった。

また、核なき世界を提唱したオバマが大統領を務めるアメリカは、歴史上、核兵器を戦争に使用した唯一の国である。なぜアメリカは日本に原爆を投下したのか。その真相に迫りたい。さらに、京都が原爆投下の最有力候補の一つだったと言えば、驚くだろうか。しかし、それは事実なのである。京都が候補地になり、そこから広島・長崎に原爆が投下されるまでの経緯も追っていく。

本書では、このような意外なアメリカの歴史や現状について、事実を紹介し、筆者なりの見解を示している。もちろん筆者の意見は一つの解釈に過ぎない。読者の方々には、本書をご笑覧いただき、「ここは少しおかしい」「これは論理の飛躍だ」とお感じいただければ、筆者が本書を執筆した目的も達せられたことになる。アメリカに対してもっていた固定観念を含め、「すべてを疑う」という精神で本書を手にとっていただければ幸いである。

「歴史は現在と過去との対話である」とはよく言われることであるが、アメリカの現況を理解するためには、過去＝歴史を適切に解釈・理解することが必要であり、そうすることによって、今後のアメリカが進む道を考える際の手がかりにもなる。まさに、歴史を学ぶことは、未来を知るための最も近道なのである。

目　次

第二章　不可思議な政治・経済

第三章　「アメリカの戦争」を検証する――155

第一章　アメリカ史の裏側

独立宣言はイギリス国王への悪口こそが目的だった

崇高な理念を謳った「独立宣言」

一七七六年七月四日、一三の北米植民地がイギリスから独立して新しい国をつくることを謳った「アメリカ独立宣言」が発表された。

独立宣言は三つの部分から成り立っているが、その第一部に最も有名な一節がある。

「すべての人間は神によって平等に造られ、一定の譲り渡すことのできない権利をあたえられており、その権利のなかには生命、自由、幸福の追求が含まれている」（大下尚一他編『史料が語るアメリカ：メイフラワーから包括通商法まで　一五八四—一九八八』有斐閣より）

人類普遍の権利として、独立の正当性を世界に発信する、格調高い文章だ。

この思想は、実は日本国憲法一三条の幸福追求権にも反映されている。

さらに独立宣言は、政府が国民の諸権利を踏みにじる場合、政府を廃して新たな政府を設立できると、「国民の革命権」を規定した。これは、アメリカ独立革命から八〇年以上前に、イギリスの哲学者ジョン・ロックが説いていた革命論思想である。アメリカ独立宣言の重要性は、この思想を実践に移したことであった。

ところが、アメリカ独立宣言の第二部は、格調高い第一部から一転し、当時のイギリス国王ジョージ三世に対する二十数項目にもおよぶ悪口や愚痴を延々と列挙している。どうして、北米植民地の独立指導者たちは、このような悪口を、崇高な独立宣言に挿入したのだろうか。その答えに行く前に、まずは背景となる北米植民地の状況からみてみたい。

北米植民地の発展

一六〇七年、ヴァージニアのジェームズタウンに、初のイギリス定住植民地が建設された。ここから本格的に北米植民地の発展が始まり、一三の植民地が建設された。

それから一二年後の一六一九年七月、ジェームズタウンで北米植民地初の議会が開会された。イギリス国王は総督を派遣して統治させたが、北米植民地では代議制度が発達し、一八世紀中ごろまでには、植民地人で構成される議会が内政で実権を握るようになっていった。

植民地とはいえ、人々の政治意識は高かった。選挙権は通常、土地の所有など一定の財産を持つ成年白人男子に制限されたが、開拓地であったため、土地の獲得は比較的容易で、成年白人男子全体の六〜九割に選挙権が与えられていた。

そして、有権者は積極的に政治に関与していた。このように、北米植民地には、政治的関心の高い中産層が幅広く存在したのである。

一八世紀に入ると、北米植民地はめざましい経済的発展を遂げた。北米植民地の人口は、一七〇〇年の段階で約二五万人に過ぎなかったが、一七七五年には一〇倍の約二五〇万人にまで達していた。イギリスにとって、北米植民地は工業製品の輸出市場であり、南部で栽培されるタバコは重要な輸入品であった。北米植民地の経済的重要性は徐々に高まっていたのである。

このように北米植民地が経済的に発展するにつれ、通商面、消費面、生活面でもイギリスとのつながりが緊密になり、意識面も含めて北米植民地、とりわけ南部のイギリス化が進んでいった。南部の大農園主たちは、経済的に本国との結びつきが非常に強く、彼らの理想像は、広大な土地を所有し、地代で生活できるイギリスのジェントリー（地主階級）だったという。

北米植民地では教育も盛んだった。ピューリタンの流れをくむニューイングランドでは、子弟が聖書を読めるように親が文字の読み方を教え、コミュニティが学校を運営し、算数やラテン語なども教えた。ニューヨークやニュージャージーなど中部植民地では、私立学校が大部分を占め、子どもはそこで読み書きなどを習った。南部では、親や家庭教師が主に家庭内で子弟に読み書きなどを教えていた。

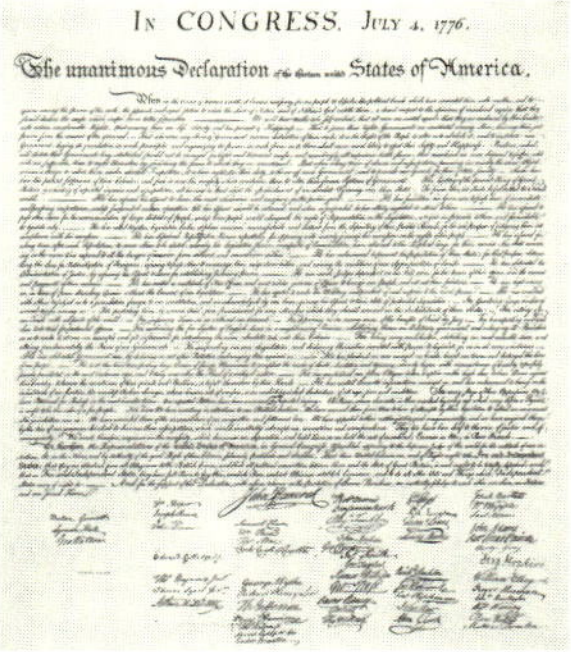
IN CONGRESS, JULY 4, 1776.
The unanimous Declaration of the thirteen united States of America.

1776年7月4日に公布されたアメリカの「独立宣言」

初等教育の発達のおかげで、植民地人の識字率は高く、新聞やパンフレットも広く流通していた。一三の植民地が独立して発展し、また植民地によって住民の関心事も異なっていたために、多くの新聞が発行されていた。たとえば、一七七五年には三八紙も発行されていたという。ただし、重要な論説などは各地の新聞に転載されていた。

このように、新聞やパンフレットなどの印刷物を通じ、イギリスとの関係などについて、北米植民地全体で共通の理解や見解を醸成する土壌があったのである。

イギリスの北米植民地再編計画

一八世紀、イギリスは海外植民地の獲得をめぐって、世界のさまざまな地域でフランスと戦っていた。その一環として、北米大陸では、「フレンチ・アンド・インディアン戦争」（一七五四〜六三年）を戦って勝利を収め、カナダとミシシッピー川以東の領土を新たに獲得した。

イギリスは、フレンチ・アンド・インディアン戦争の後、獲得した広大な領土と、もともとの北米植民地を一括して効率的に統治しようとした。課税はその一つの手段で、一七六四年には「砂糖法」が制定された。

従来、イギリス領以外の西インド諸島から砂糖を輸入する場合には、高関税が課せられていたが、北米植民地人はそれを無視して密貿易で潤っていた。これに対し、イギリスは砂糖法を制定し、関税を半分に引き下げる一方で、密輸への取締りを強化したのである。北米植民地の人間にとっては、たとえ関税が半額になっても、それまでの密輸に比べるとコストがかかることや、イギリス当局の厳しい監視が、大きな不満の源になった。このため、同法は一七六六年に撤廃されることとなった。

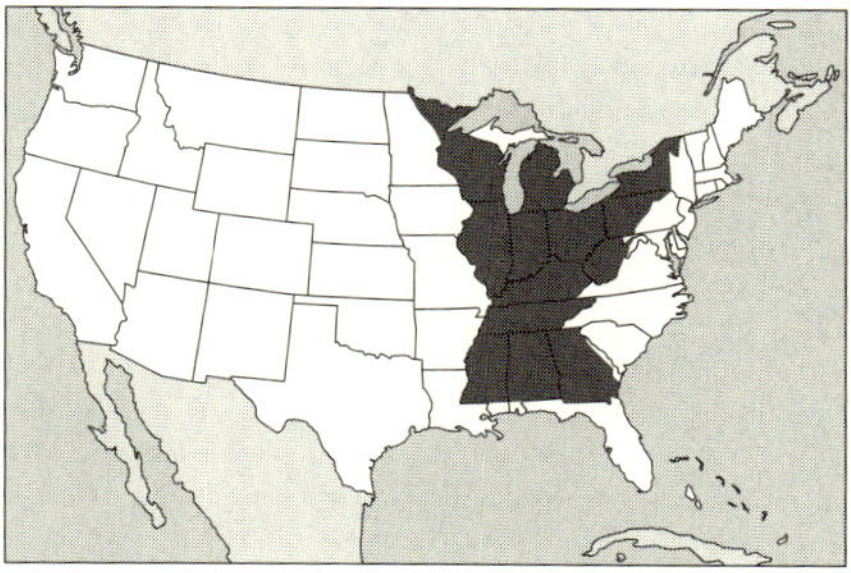

1763年の「パリ条約」でイギリスが得たミシシッピー川以東の領土
(http://www.rootsweb.ancestry.com/~itgenweb/itprojects/maps/ic-1763.htm より作成)

続いて一七六五年三月には、新聞、パンフレット、広告などへの印紙の貼付《てんぷ》を義務づけた「印紙法」が定められた。しかしこれもまた、植民地人の抵抗にあい、翌一七六六年三月に、イギリス議会は同法を廃止した。

しかし、植民地に対する課税権を持っていると考えていたイギリス議会は、その後もさまざまな税法を制定した。

一七六七年には、北米植民地が本国から輸入している茶、ガラス、紙などに軽微な輸入税を課す「タウンゼンド諸法」を定めている。しかしこれら諸法も、再び植民地人の激しい反対にあい、一七七〇年、茶税だけを残して撤廃されている。

さらにイギリス議会は、一七七三年五月、新たに「茶法」を制定した。これは、経営危機に瀕《ひん》した東インド会社を救済するため、同社に北米植民地での独占販売権を与えたものだ。

ここに及んで、植民地人の怒りが爆発することとなった。同年一二月、ボストン港に停泊していた船に積まれていた茶を、海中に投棄した「ボストン茶会事件」が起こったのである。

植民地人のこの行動は、イギリス本国の態度を硬化させ、翌一七七四年春、イギリス議会は、ボストン港の閉鎖、マサチューセッツ植民地の自治権剝奪《はくだつ》など、懲罰的立法措置を講じて対抗することになった。

独立戦争が起きた本当の理由

北米植民地の独立戦争は、イギリスが課した重税によって植民地人が経済的に行き詰まり、一揆《いっき》のような形で決行された、と思っている人も多いが、これはまったくの誤解だ。

たとえばタウンゼンド諸法は、北米植民地統治費の一部を捻出《ねんしゅつ》するのが目的だったが、それによる輸入税額は、年間わずか四万ポンド程度であった。この金額は当時、一三植民地を合わせた輸出入額が約三三〇万ポンドだったことを考えると、微々たるものだ。

また茶法の実施は、東インド会社が安価な茶を販売することで、結果的に、北米植民地人がより安価な茶を入手することを可能にした。イギリス本国は、戦費返済のため、多くの課税をしたが、全体的には北米植民地にとって重税感の少ないものだった。

では一体、北米植民地人は何が不満だったのだろうか。

イギリスと北米植民地が対立するにいたった最大の問題は、重税ではなく、大英帝国における北米植民地の地位に関する認識の相違だったのである。

「代表なくして課税なし」

これは、本国の一連の歳入法を拒絶するスローガンであり、北米植民地を独立に導いた有名な言葉だ。一七五〇年に、ある牧師がボストンでの説教で初めて唱え、一七七〇年代には多くの政治家が口にするようになったものである。北米植民地が本国議会に代表を送っていない以上、本国議会は植民地に課税できないというのだ。

この論は次第に拡大解釈され、本国議会には植民地の内政に関する一切の立法権を認めない、という意味に解釈されるようになった。大英帝国は自立した二つの社会の連合体であり、「植民地議会と本国議会は対等な立場だ」という考えにつながっていった。

これに対してイギリス議会は、たとえ植民地が本国議会に代表を送っていなくても、本国議会の下院が植民地の「事実上の代表」の役割を果たしている、と主張した。したがって、本国議会は植民地への課税権だけではなく、立法権も持っているとしたのである。

ここにおいて、対立感情は明確になった。北米植民地人は、この先、自分たちの自由が奪われ、政治的自治を確保できなくなるのではないかという懸念をもつようになっていった。彼らは、いったん自分たちが享受している自由を奪われたが最後、やがてすべてを奪われるようになるのではないかと恐れた。北米植民地の独立は、こうした自由の侵害に対する反発が導いたものだったのである。

『コモンセンス』が果たした役割

ボストン茶会事件以降、本国と北米植民地の対立の妥協案は見出せず、両者は一七七五年四月、ついにボストン北西部のレキシントンとコンコードで戦火を交えることになった。同年五月一〇日には、一三植民地による第二回大陸会議が開催され、一三植民地すべてが結束し、本国に武力で対抗することを決定した。

ただし北米植民地は、この時点ではまだ独立を決意していたわけではなかった。実際、植民地人にとって、イギリスとの経済的結びつきや国王との絆《きずな》を切るのは忍び難いことだった。多くの植民地人は、イギリス国王への忠誠を大切にし、臣民であることを誇りに思っていた。そして彼らは、国王がイギリス議会の過ちを正すだろうと、期待もしていたのである。

ところが、一七七六年一月、植民地と国王との心理的絆を断ち切る事件が起きた。トーマス・ペイン執筆による『コモンセンス』という一冊の本が刊行されたのである。ペインは、イギリスのノーフォークでコルセット職人の子どもとして生まれ、船員、収税吏、英語教師などを経て、北米植民地に渡った人物だ。

ペインはこの本の中で、国王と貴族院議員は「世襲制」であり、「人民から独立して」いて、「国家の自由になんら貢献するものではない」とし、「昔ながらの専制の卑しい遺物」だと批判したのである。そしてその結論として、イギリス本国から独立し、国王中心の君主制から国民中心の共和制に移行することこそが、植民地にとって最も望ましいと訴えた。

この明快な主張は、人々の国王への忠誠心を揺るがす効果を発揮した。当時、北米植民地の白人人口は約二〇〇万人だったが、『コモンセンス』は刊行後わずか三か月で一二万部という驚異的な販売数を記録し、植民地では独立の気運が一気に最高潮に達したのだ。ジョージ・ワシントンも『コモンセンス』を読み、初めて独立を支持するようになったといわれている。

だが『コモンセンス』は、一人のイギリス人の著作に過ぎない。次の段階では、政治の中枢部にいる指導者が、『コモンセンス』に影響を受けた人心をどの方向に導くかが重要になっていた。

独立宣言の目的

こうした背景の下で、一七七六年に大陸会議が採択したのが独立宣言である。

当時の北米植民地は、イギリスからの独立をどう考えるかに関して、大きく三つのグループに分かれていた。

第一のグループは、積極的に独立を推し進めた「愛国派」である。「愛国派」には、独立宣言起草者で南部プランター（農場主）のトーマス・ジェファーソンのような人もいれば、北部の商人や独立自営農民、イギリス系やドイツ系の移民などもいるといったように、さまざまな社会的、経済的、民族的バックグランドをもった人々によって構成されていた。彼らはイギリスからの独立によってしか、自分たちが享受してきた自由を維持できないと確信していた。

第二のグループは、本国との和解を切望した「忠誠派」である。ジョージア、南北カロライナなど、イギリス系住民が多い地域には「忠誠派」が多かった。また、イギリスとの通商に大きな利害関係のあった東部の大商人や南部のプランターも「忠誠派」が多数を占めていた。高学歴で、裕福で、高い教養があり、慎重で、年齢の高い人ほど、「忠誠派」に惹《ひ》かれる傾向があった。

この「忠誠派」と「愛国派」の間には、フレンチ・アンド・インディアン戦争後のイギリスの対北米植民地政策に不満を抱いていたという点で、共通点もあった。

しかし、「忠誠派」が「愛国派」と決定的に異なったのは、その解決方法だった。「忠誠派」は、独立は違法であり、イギリスとの不必要な武力衝突を引き起こすと、懸念を表明していた。この点では、両者の歩み寄りの余地はほとんどなかった。

最後の第三のグループであるが、これは、イギリスとの対立によって植民地内が混乱することを恐れ、独立といった究極的な手段には消極的な態度をとるものの、国王への忠誠心も薄い「中立（穏健）派」である。

彼らは、忠誠心こそ薄かったものの、国王に対しては信頼も寄せていた。北米植民地に課税するイギリス議会には問題があるものの、イギリス国王がこの状況を打破し、関係は改善されるだろうと期待していたのである。

当時の人口規模でいうと、「愛国派」は植民地の白人人口の四〇～五〇％、「忠誠派」は一五～二〇％、残りが「中立派」や無関心層であった。

「愛国派」は、このような状況の中で、「中立派」を独立支持に傾かせるために、独立宣言を利用した。彼らは、「中立派」が国王に抱いている期待を打ち砕くため、独立宣言の中で、「大ブリテンの現在の国王の治政は打ち続く危害と略奪の歴史であり、こうしたことから判断してその本当の目的がアメリカの諸州に対して絶対的な専制を樹立することであるのは疑いの余地はない」と述べ、非難の矛先を国王に向けたのである。

そのために、国王ジョージ三世の悪行の数々を述べたのが、独立宣言の第二部だった。たとえば、「アメリカに大規模な陸上部隊を駐留させる」「軍人が州の住民に対しておこなった殺害行為の処罰について、軍人をまやかしの裁判で保護する」「われわれを世界のすべての地域との通商から遮断する」「植民地に対する特許状を廃止し、もっとも貴重な法律を廃棄して、アメリカの諸政府の形態を基本的に改変した」(『史料が語るアメリカ』より)といった具体的な不満を、その中にぶちまけていた。

このほかにも、植民地議会が法律を制定しても国王が拒絶したり、国王が気に入らない植民地議会を繰り返し解散したり、植民地の財産を食い潰《つぶ》すために大勢の役人を本国から派遣したり、といった国王の悪行がいくつも列挙されている。

国王への不満を列挙した後、最後の第三部で、このような理由で一三の植民地が独立したと宣言したのだ。この三部構成で、独立宣言が完成するわけである。

当時、北米植民地とイギリスを最後までつないでいたのは、植民地人とイギリス国王との絆であり、信頼関係であった。

これに対し、独立宣言では「このようにあらゆる行為において専制者と呼べるような君主は、自由な国民の統治にふさわしくないといわざるをえない」であり、北米植民地人の「イギリス国王に対するすべての忠誠義務を拒絶する」として、国王への三下り半をたたきつけた(『史料が語るアメリカ』より)。このことこそが、イギリス国王の信頼を失墜させ、国王と「中立派」の間に楔《くさび》を打ち込んだのである。

独立宣言の崇高な第一部が外向けのメッセージだとすれば、率直な言葉で書かれた第二部は内向けのメッセージだということができるだろう。そして、まさにこの第二部こそ、植民地人を独立に向けてまとめあげる原動力になったのである。

その意味では、この第二部こそが、アメリカ独立宣言の中で最も重要な部分だったとも言えるのである。

奴隷解放の戦いではなかった南北戦争

「奴隷州」と「自由州」の並立

南北戦争というと、奴隷を解放するための戦いだったと思い込んでいる人も多い。しかし、実際にはどうだったのか。違うのである。ただし、南北戦争の途中からは、奴隷の解放が大きな意味をもつようになってもいった。一連の歴史を振り返ってみよう。

前節でも紹介したように、一七七六年七月四日、独立宣言が発表された。

それ以降、北米植民地は、七年にわたる長い独立戦争を戦い抜き、一七八三年九月に、イギリスとの間で和平のための「パリ条約」を締結した。ここにおいて、一三植民地はイギリスから正式に独立し、アメリカ合衆国となったのである。さらにこのとき、北米大陸の東海岸にあった一三植民地は、新たにミシシッピー川以東までの領土を獲得している。

この新たな領土、すなわちミシシッピー川、五大湖、オハイオ川で囲まれた「北西部領土」の統治方法を定めたのが、全六条からなる一七八七年制定の「北西部条例」だった。

この条例により、北西部領土の一定地域で、選挙権を有する成年男子が五〇〇〇人に達すると、「準州」として自治政府を設けることが可能になった。さらに、準州の白人住民が六万人に達すると「州」に昇格し、独立当初の一三州とまったく同じ条件で連邦に編入されることとなった。

この「北西部条例」は、北西部領土における奴隷制度を禁止していた。イギリスからの自由を求めた独立戦争は、北部における奴隷制度廃止にも拍車をかけ、一八世紀末までにはほとんどの北部諸州で奴隷制が廃止されていた。「北西部条例」はこのような流れを継承したのである。

「北西部条例」に対して、一七九〇年には「南西部条例」も制定された。これは、独立によって確定したアメリカの領土のうち、ミシシッピー川以東、オハイオ川以南、つまり、北西部領土の南側に位置する「南西部領土」の統治方法を定めた規定である。北西部条例とほとんど同じ内容だったが、ただ一点大きく異なるところは奴隷制度を認めたことであった。

このように、独立後のアメリカでは、奴隷制度を認める地域とそうでない地域が並立していたのである。このことが、のちに大きく問題化することになる。

南部に不安を与えた自由州の拡大

その後、アメリカでは領土の拡大が相次いだ。

しかし、これが新たな問題を発生させた。新領土を、州憲法で奴隷制度を認める「奴隷州」とするか、認めない「自由州」とするかで、国論が割れたのである。一八〇三年にフランスから購入したルイジアナや、一八四六〜四八年の米墨戦争で獲得した現在のテキサス州やカリフォルニア州にあたる地域などが、その例であった。

新たに増えた西部で自由州が多くなれば、連邦政府において自由州の発言力が増すことになる。自由州が大統領府と連邦議会を支配することになれば、自由州だけの意向で、奴隷制度の西部への拡大を阻止する法律を制定できることになる。

それは、南部にとっては悪夢のような状況だった。

南部プランテーションでは、肥料の多用や輪作など手間のかかる土壌保全に努め、同じ場所で継続的に綿花などの商品作物を栽培する、という手法をとることは稀《まれ》だった。そのかわりに、ある畑の栄養分を使い果たすと、新しい土地に移動して綿花栽培を行い、その土地の地力が落ちると、また別の土地に移っていくということが一般的だった。

このときに必要だったのが、奴隷の労働力である。南部プランターにとっては、西部への拡大ができるか否か、その地に奴隷制度を持ち込めるか否かは、まさに死活問題だったのである。

自立した北部の経済

独立後、アメリカ北部では、造船や製材、皮革、海運業、漁業、穀物栽培を中心とする農業や商業など、さまざまな産業が隆盛していた。これらの産業は、ある意味でイギリスと競合するものでもあった。

もともとはアメリカも、工業製品を主にイギリスから輸入していた。世界に先駆けて産業革命を経験し、世界の工場と呼ばれたイギリスは、安価な工業製品を生産できたからである。

ところが一九世紀初め、ヨーロッパの支配をめぐって、ナポレオン一世率いるフランスと、イギリス、ロシア、プロイセンなどが「ナポレオン戦争」(一七九九~一八一五年)を始め、この中でイギリスがヨーロッパで海上封鎖をしたことが大きな原因となり、アメリカとイギリスとの間で新たに「一八一二年戦争」(一八一二年六月~一四年一二月)が勃発《ぼっぱつ》した。

この間、イギリスから工業製品が入らなくなったため、ニューイングランドや中部植民地を中心に繊維、製材、造船といった工業が発達し、流通や金融なども発展したのである。一八二〇年代~三〇年代にかけて、北部では交通網が整備され、空前の国内開発ブームに沸いた。

さらに一九世紀前半~半ばには、都市への大量の移民流入によって安価な労働力が増え、工業化が本格的に始まり、経済の多様化が進んでいった。北部は、こうした経緯によって、イギリスとの貿易にあまり依存せず、比較的自立した工業発展をすることができたのである。

イギリスに依存した南部経済

その一方で、アメリカ南部は、北部とは異なった経済発展をした。

一九世紀、イギリスの繊維産業を支える原材料として、綿花が重要視された。温暖な南部は、その栽培に適していたため、一八二〇年代以降、南部の内陸部では綿花生産が広がり、綿花栽培に特化する「モノカルチャー経済構造」が支配的になっていった。

その結果、アメリカの綿花生産量は、一八一五年の二〇万ベール（四万四〇〇〇トン前後）から、一八六〇年には四〇〇万ベール（八七万トン前後）へと、約二〇倍に拡大していた。この生産を支えるために、多くの黒人奴隷が必要となり、その数も、一七九〇年には七〇万人だったものが、一八六〇年には四〇〇万人へと、六倍近くに増えていた。

他方、この大量の綿花の輸出先であるイギリスに目を向けると、製紙、製鉄、石炭、鉄道などの産業も発達していたものの、当時のイギリス経済の中心は、何といっても綿織物業だった。

一八六〇年当時のイギリスの人口は二一〇〇万人ほどだったが、その二割弱に当たる四〇〇万人前後が、綿花の運搬や綿織物の製造など、綿織物業の関連産業に従事し、イギリスの輸出の四割近くが綿織物で占められていたほどである。

そしてそのイギリスの綿織物工場に対して、当時、世界から供給される綿花の、実に七五%までがアメリカ南部産だった。イギリスにとって、綿花生産地の南部は不可欠の存在だったのである。一方のアメリカにとっても、綿花は一九世紀前半の輸出総額の半分以上を占めており、経済を拡大させた最も重要な産物であった。

こうした状況下で南部は、北部のような経済の多様化に向かうかわりに、経済的にも文化的にもイギリスに依存するようになっていったのである。

たとえばこの時期、綿花栽培地域は、時間とともに次第に南西部へ移動していったが、イギリスの金融資本家は、南部のプランターに対して、耕作地の移動や移動先での土地開墾などのために、資金調達や信用貸しを行った。また、イギリスのジェントリーや貴族に憧れていた南部の大プランターは、イギリスから高価な調度品や奢侈《しゃし》品を輸入し、子息をイギリスに留学させるために、彼らから融資や協力を得ることも多かった。

南部のプランターは、こうした資金を借り入れる際、綿花を担保とすることが多かった。しかし、その綿花価格は、国際的な需給状況を反映して年々下降傾向にあり、大きな借金で悩まされるプランターも多かった。そこで彼らは、より多くの土地を耕作し、より多くの綿花を生産することで対処しようとしたため、さらに綿花価格が下落していった。南部は、綿花の大量生産・大量輸出↓綿花の単価低下↓さらなる大量生産・大量輸出↓一層の単価低下という悪循環を繰り返しながら、イギリスを中心とする経済に、綿花という換金作物の栽培を中心とする「モノカルチャー経済地域」として深く組み込まれていったのである。

南部白人の意識

南北戦争前、南部の白人社会は、奴隷制度の存在によって特異な構造となっていた。当時の南部白人社会は大きく四階級に分かれていた。一八六〇年の数字でみると、プランテーション経営に最低限必要な二〇名以上の奴隷を有する「プランター」は約三%。それ以下の奴隷を有する比較的「小規模の奴隷主」が約二二%。奴隷を所有していなかった

「ヨーマン」（独立自営農民）が約六五％。荒地に住み、家畜の飼育や狩猟、わずかばかりのとうもろこしやさつまいもなどの栽培などによって身をたてる「貧乏白人」が約一〇％という構成であった。一〇〇人以上の奴隷を有する「大プランター」にいたっては、南部白人家族全体のわずか〇・二五％という極少数だった。

南北戦争前のアメリカ南部の白人社会では、奴隷をもっていない階層の方が圧倒的に多く、南部白人の中での最大層はヨーマンだったのである。ヨーマンは、プランターとは異なり、自給自足を旨とし、綿花など換金作物以外に、自給用の作物も栽培していた。

このように、南部の白人社会は貧富の格差が大きな社会だったが、ヨーマンや貧乏白人が結束して奴隷所有層と対決することは少なかった。ここに、奴隷制度を支えた南部白人たちの独特な意識があったのだ。

南部白人の四人に三人は奴隷を所有していなかった。しかし彼らも、いつかは奴隷所有者になることを望んでいたのである。

南部社会において、白人と黒人は絶対に乗り越えることのできない厳格な区別だった。経済的に苦しい白人でも、自分たちは白人であり、奴隷状態にある黒人よりは優れているはずだ、という感情が強く働いていた。彼らは、白人という人種的特徴を過大に評価し、経済的不満のはけ口を、黒人への差別や蔑視《べっし》に求めたのだ。経済的に最も困窮していた貧乏白人こそ、徹底した人種差別政策を推し進める急先鋒《きゅうせんぽう》となっていたのは、こうした理由からである。

要するに、白人の間にも厳然とした経済格差はあったものの、白人と黒人を明確に区別し、黒人奴隷制度を維持するという点では、幅広い合意があったのだ。南部の白人社会の調和を保つためにも、人種差別を基礎にした奴隷制度が必要だったのである。

「父権的温情主義」を強調する

一九世紀の南部では、一八世紀後半にみられた「奴隷制度は必要悪である」という考え方が、「奴隷制度は積極的な善である」という意識へと変化していった。

北部では、たとえ白人であっても、賃金労働者は衣食住をすべて自前で用意しなければならず、病気・けが・労災などで賃金を得ることができなくなれば、とたんに生活に困ることとなる。それに比べて南部では、奴隷の衣食住が奴隷主によって保障されているだけでなく、一九世紀には、(資産としての奴隷の価値が高まっていたため)前世紀より待遇もよくなっている。奴隷主は、黒人奴隷を大切に養っているという「父権的温情主義」(パターナリズム)を強調し、北部の賃金労働制度よりも、奴隷制の方が道徳的にも善だと主張したのである。

奴隷制度が争点となった一八六〇年の大統領選挙

こうした状況の中、一八六〇年の大統領選挙では奴隷制度が大きな争点となった。

一八五四年に、奴隷制度反対を掲げて結成された共和党の支持基盤は、北部だけだった。大統領選が始まる前、共和党の本命候補は、反奴隷制度の指導者として名高いウィリアム・スワード上院議員だった。しかしスワードは、奴隷制の問題をめぐって南部と北部の衝突は不可避だと公言していたので、党内でも過激なイメージがもたれていた。

そこで共和党は、より穏健なイメージのあるエイブラハム・リンカーンを大統領候補に指名した。彼は当時、奴隷制の西部への拡大には反対するものの、連邦議会は南部の奴隷制度に介入できないと主張していた。南部に限っては奴隷制度を容認していたのである。

一方、辛うじて全国政党として存在していた民主党は、大統領選挙を目前にして二つに分裂してしまった。西部における奴隷制度の存続に関して、住民投票で是非を決めようという「北部民主党」と、連邦法によって維持しようという「南部民主党」が、各々独自の候補を擁立したのである。

さらに第四の勢力もあった。奴隷制度を大きな争点とする、共和党と南北民主党の対立の枠外で、「立憲連合党」という新しい政党が設立された。彼らは、連邦の統一を主張し、国論を二分している奴隷制の西部への拡大に関しては、態度を明確にしなかった。

こうして、一八六〇年の大統領選挙は、四つの政党の候補による戦いとなった。

その結果、リンカーンが、北部諸州とオレゴン州、カリフォルニア州という西部の自由州の支持を受けて勝利することになったのである。

このとき、連邦議会でも選挙があり、上下両院とも共和党が過半数を占めることになった。アメリカでは、上下両院の過半数の賛成と大統領の署名で法律が成立するため、共和党の意向次第では、奴隷制度の西部拡大を禁止する法律の制定も可能になったのである。

南部の危機感

この状況は、奴隷制度を温存したい南部に危機感をもたせることになった。

南部は、現存する奴隷制度には手を触れないというリンカーンの公約が守られるか否か、不安感を抱いていた。さらに、奴隷制を西部に拡大したい南部にとって、奴隷制の拡大に反対するリンカーンの政策は、許容し難いものでもあった。

そこで、選挙の結果が明らかになると、とくに奴隷が多い「深南部諸州」では、事態への対処の仕方を検討する会議が開催されることになった。

まず選挙の翌一二月、サウスカロライナ州で会議が開催され、満場一致で連邦離脱が決定された。アメリカはついに分裂のときを迎えたのである。

これを契機に、翌年二月一日までに、ミシシッピー州、フロリダ州、アラバマ州、ジョージア州、ルイジアナ州、テキサス州も追随し、これら七州は「南部連合」を創設した。

しかし、奴隷の数が少なく、北部との経済的つながりも強い上に、いったん北部との武力衝突が起これば主要戦場になることが確実な「高南部四州」と呼ばれる、ヴァージニア州やノースカロライナ州、テネシー州、アーカンソー州、およびケンタッキー州、ミズーリ州などの境界諸州は、この時点で、連邦の離脱という手段に訴える決断はできなかった。

こうした状況下で、一八六一年三月、リンカーンが大統領に就任した。

このとき、サウスカロライナ州チャールストンにあった連邦政府管轄のサムター要塞《ようさい》の帰趨《きすう》が、注目を集めていた。この要塞には数十人の守備隊が駐在しており、貯蔵していた食料品は四月中旬までしかもたなかった。そこでリンカーンは、海軍に対し、食料品補給のためにサムター要塞に向かうよう、命令を出したのである。

南部連合軍はこの動きを連邦政府の侵略とみなし、四月一二日明け方、サムター要塞を攻撃した。南北戦争の火蓋《ひぶた》が、ついに切って落とされたのだ。

リンカーンは、この反乱を鎮圧するために、各州から七万五〇〇〇人の民兵を招集するとともに、南部諸港を閉鎖した。このリンカーンの強硬策に対し、反発した高南部四州は、次々と連邦を離脱し、南部連合に合流したのである。

リンカーンの奴隷問題への対処

当初リンカーンは、既存の奴隷制の即時廃止を要求していなかった。

しかし、いったん南北戦争が始まると、奴隷の処遇に対処せざるを得なくなっていった。奴隷州に攻め込んだ北軍が奴隷を捕虜として捕らえたり、奴隷が北部に逃亡してきたり、といった事態が発生したからである。

連邦議会は、南北戦争勃発から四か月後の一八六一年八月、南部連合を軍事的に支援する(奴隷を含む)財産を没収する「没収法」を制定した。しかしこのときも、リンカーンは、北軍が占領地で奴隷解放宣言を出すことを認めなかった。

これは、リンカーンの憲法解釈とも密接な関連があった。連邦政府は、南部連合の独立を認めていないため、この時点でも、アメリカ憲法は南部に適用されることになる。憲法修正第五条には、「正当な法の手続きによらないで、……財産を奪われることはない」という条項があり、奴隷という財産を勝手に解放することは、憲法違反になる可能性があると考えたのだ。

さらに、デラウェア州、メリーランド州など、奴隷州でありながら連邦に残っている州もある。そうした州が反発して連邦を離脱することがないように配慮する必要もあったのである。

しかし、北軍が南部に侵攻するにつれて、黒人奴隷をどのように扱うべきかという問題は、次第に避けて通れないものになっていった。

一八六二年五月には、北軍は東部戦線でヴァージニア州リッチモンドに迫る勢いで侵攻していた。西部戦線では、ルイジアナ州ニューオーリンズを陥落させていた。

こうした状況下の同年七月、連邦議会は、南部連合の（奴隷を含む）全財産を没収する法律を制定した。同時に、北部に逃亡した奴隷は自由の身となることや、大統領に黒人を徴兵する権限を与えることも定められた。ここにおいて、奴隷解放路線が既定の路線となったのである。

奴隷解放を宣言した理由

ここまでの経緯をみるとわかるように、南北戦争勃発当初、その目的は「奴隷の解放」ではなかった。リンカーンが公言していたように、「連邦の維持」こそが戦争の目的だったのである。

それは彼自身の次のような言葉からもわかる。

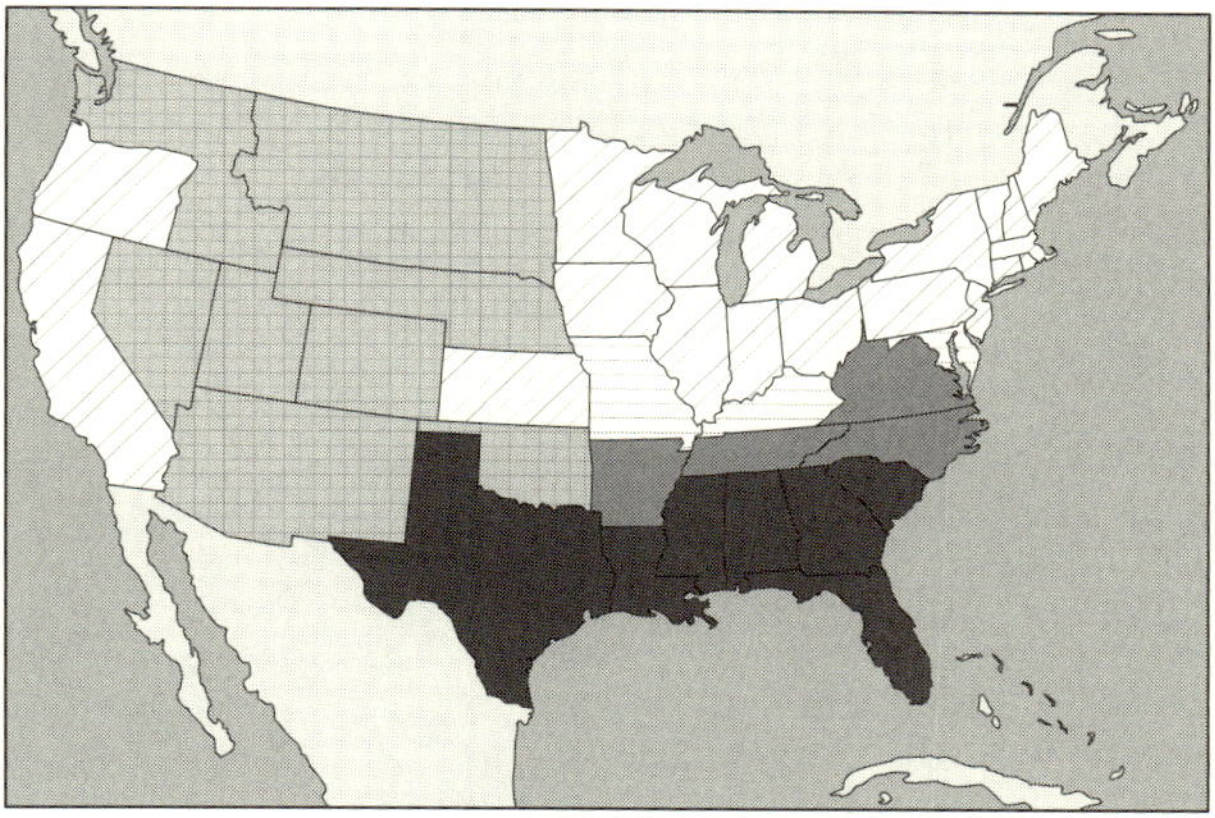

南北戦争当時の自由州と奴隷州
（http://www.irwinator.com/126/w89.jpg をもとに作成）

「もし奴隷は一人も自由にせずに連邦を救うことができるものならば、私はそうするでしょう。そしてもしすべての奴隷を自由にすることによって連邦が救えるならば、私はそうするでしょう。またもし一部の奴隷を自由にし、他はそのままにしておくことによって連邦が救えるものならば、そうもするでしょう」（高木八尺、斎藤光訳『リンカーン演説集』岩波文庫より）

リンカーンは、奴隷解放に

対して心情的には共感していたものの、彼にとってより重要な目標は連邦の維持だったのである。

当時、彼は連邦内にある四つの奴隷州（デラウェア州、ケンタッキー州、メリーランド州、ミズーリ州）の意向を汲《く》み取りつつ、奴隷解放を主張する勢力をも満足させる必要があった。さらに、南部の綿花を重視するイギリスが、南部連合の独立を承認することを阻止する必要もあった。この時期、イギリス国内には反奴隷制度の声が大きく、連邦政府が奴隷を解放すれば、イギリスの南部連合の承認を阻止できると考えられていた。こうしたいくつもの状況が、リンカーンをして奴隷解放宣言を出させることとなったのである。

奴隷解放宣言の発表にあたっては、宣言を出すタイミングも問題となった。この前後、北軍はなかなか戦闘で決定的な勝利を得ることができなかった。こうした戦況時に奴隷解放を唱えると、逆に北軍が追いつめられているという誤解を招く恐れがあったからだ。そのため、リンカーンは好機を待っていた。

南北戦争勃発から一年五か月後の一八六二年九月、ついに好機が到来した。メリーランド州アンティータムの戦いで、北軍が南軍を打ち破ったのだ。

この戦いで自信を深めたリンカーンは、九月二二日、反乱地域の奴隷を一八六三年一月一日に解放するという「奴隷解放予備宣言」を出したのである。

これには、私有財産である奴隷の解放という一大事業の実施を、事前に予告することで、国民の動揺を和らげようという思惑があった。さらに、この予備宣言の対象となるのは南部連合の奴隷だけであり、連邦内の四つの奴隷州にいた奴隷は含まれなかった。リンカーンにとっては、連邦の維持こそが最大の目的だったため、連邦に留まった奴隷州の奴隷制度には手をつけなかったのである。

南北戦争に勝ち、奴隷解放を実施した第16代大統領エイブラハム・リンカーン

南部白人は、奴隷解放予備宣言が出されなくとも、内戦に負ければ奴隷が解放されるだろうと予測していた。そのため、この宣言は彼らの心情にあまり大きな影響は与えなかった。むしろその影響は、対外的な意味で大きかったのである。

奴隷解放予備宣言がイギリスに伝わると、

労働者階級は熱狂的にこれを支持した。そのため、戦況いかんでは南部連合を承認、支援しようと考えていたイギリス政府も、不干渉の態度を継続したのだ。

その背景には、一八五〇年代後半に南部の綿花が大豊作であったために、南北戦争勃発時、イギリス市場は飽和状態だったこともある。さらにイギリスは、エジプトやインドなどからも綿花を輸入するようになっていた。こうした条件が重なり合って、イギリス政府は南部連合に肩入れすべきではないと判断したのである。

最終的に一八六三年一月一日、奴隷解放宣言が発表された。

これまで再三述べたように、リンカーンは当初、奴隷解放に関して非常に慎重な態度をとっていた。しかし、次第に態度を変え、憲法で大統領に与えられた陸海軍総司令官としての権限に基づき、戦術として奴隷解放を断行した。極言すれば、奴隷解放はあくまでも連邦の統一という最大の目的を実現するための手段に過ぎなかったのである。

一八六五年、六二万人もの犠牲者を出した南北戦争は、ついに北軍の勝利で幕を閉じた。同年、憲法修正第一三条が確定し、南北戦争で連邦に留まった四つの奴隷州も含め、アメリカ合衆国から奴隷制度が公式に廃止された。

アメリカ国歌はなぜノリがよいのか

陽気なアメリカ国歌

日本では『君が代』が流れると、妙に静粛さを求められ、神妙な面持ちになってしまう。ところが、アメリカ国歌は非常にノリのよいメロディで、陽気な気分になる。野球やアメリカンフットボールなどのプロスポーツ試合の前や独立記念日などの式典で演奏される国歌は、国旗と同様に、人工国家であるアメリカを一つに統合するためのシンボルとなっている。

アメリカの国歌や国旗にはどのような歴史があるのだろうか。

「一八一二年戦争」が生んだ歌詞

一九世紀初め、ヨーロッパの支配をめぐって、ナポレオン一世率いるフランスと、イギリス、ロシア、プロイセンなどが「ナポレオン戦争」（一七九九〜一八一五年）を戦った。アメリカはこの戦争で、どちらの陣営にも参加しない中立の立場をとり、両方と貿易をして利益を得た。これに対してイギリスは、フランスへの物資流入を妨害するために、海上封鎖を実施した。さらに水兵が不足していたので、拿捕《だほ》したアメリカ商船の乗組員を強制徴用するなどの策に出た。

このようなイギリスの施策が直接の原因となって、一八一二年六月、アメリカはイギリスに宣戦布告し、一八一四年一二月まで戦争が続いた。この戦争が「一八一二年戦争」だ。北米植民地が、独立戦争を戦ってイギリスから正式に独立したのが一七八三年。それからわずか三〇年足らずで、アメリカは再度イギリスと戦争をすることになったのである。

戦局は、終盤近くまでアメリカが劣勢のままで、一八一四年八月、イギリス軍は、大統領官邸を含め、首都ワシントンD.C.の多くを焼き払った。このとき、当時の大統領ジェームズ・マディソンをはじめとする政府高官は、ヴァージニア州の山間部へ疎開していて無事だったが、勢いづいたイギリス軍はさらに進軍し、翌九月には主要貿易港であるメリーランド州ボルティモアに攻め込んだ。アメリカは、まさに危機的な状況にあったのである。

だが、ボルティモアにあるマックヘンリー要塞では、二五時間にもおよぶ激戦の末、最終的にアメリカ軍が勝利を収め、夜明けの空に星条旗が掲げられた。

結局、この戦争は引き分けとなり、一八一四年一二月に和平条約が結ばれた。一八一二年戦争は、独立戦争に続く「第二次英米戦争」ともいう。この戦いはアメリカのナショナリズムを高揚させ、国民を一つにまとめあげるうえで大きな役割を果たした。その一つが、将来のアメリカ国歌の誕生だった。

マックヘンリー要塞を攻めるイギリス海軍の艦船に、フランシス・スコット・キーという若いアメリカ人弁護士が乗船していた。彼は、捕虜となっていた友人の釈放嘆願のために来ていた。苛烈《かれつ》な攻撃を目にした彼は、アメリカ軍の敗北を覚悟していた。しかし、夜が明けていく海の向こうに、星条旗が悠々とひるがえっているではないか。この光景を目にしたキーは大いに感動し、「マックヘンリー要塞の防衛」という詩を詠《よ》んだ。この詩が、後に「スター・スパングルド・バナー」と呼ばれることになる、アメリカ国歌の歌詞である。

酒宴の歌に使われていたメロディ

神聖なるアメリカ国歌のメロディは、妙にノリがよい。それもそのはず、もともとはアメリカでも非常に人気のある酒宴の歌だったからである。

このメロディは、一七六〇年代半ば、当時一〇代だったジョン・スタフォード・スミスというイギリス人が作曲したもので、アマチュア音楽家の紳士クラブ、アナクレオンティック・ソサエティの公式歌「天国のアナクレオンへ」のメロディとして使われていた。ちなみに、その公式歌の詩は、ソサエティの会長がつくったものだった。

「天国のアナクレオンへ」のメロディはアメリカでも大人気で、独立記念日などには盛んに演奏されていた。そして、先の若き弁護士キーが詠んだ愛国詩は、この「天国のアナクレオンへ」のメロディに合わせて歌われるようになったのである。

こうした状況の中、一八八九年七月、アメリカ海軍の長官が国旗掲揚時にこの曲を演奏するように命令したのだ。二〇世紀に入ると、大統領のウッドロー・ウィルソンは、この歌を国歌のように取り扱うよう命じている。

国歌制定は意外に最近

アメリカ人の間では、長年「天国のアナクレオンへ」のメロディに合わせて「マックヘンリー要塞の防衛」を歌うことが流行していたため、これを国歌にしようという動きもあった。

しかし、メロディが粗暴だとか、歌うのが難しすぎるとか、もともと酒宴の歌なので国歌には相応《ふさわ》しくない、といったような批判も多く、二〇世紀になるまで国歌としては制定されなかった。

それでも、この歌の人気はいっこうに衰えなかった。一九世紀末には、アメリカの国民的スポーツ、野球の試合が始まる前に演奏されていたともいうほどだ。

また、こんなエピソードもある。一九一八年、第一次世界大戦のため、中止も検討された大リーグのワールドシリーズだったが、ヨーロッパ戦線で戦っていたアメリカ兵が試合の結果を楽しみにしていることがわかり、開催されることとなった。ワールドシリーズ第一戦、七回の表の攻撃が終わった際、突然、愛国心を鼓舞するために、「スター・スパングルド・バナー」が演奏された。その際、選手も観客も起立、脱帽し、一緒にこの歌を歌ったというのである。

こうした国民の支持もあり、詩が詠まれてから一〇〇年以上たった一九三一年三月三日、ついにこの曲が正式に国歌として制定されることになった。アメリカの国歌が制定されたのは、意外にも比較的最近のことなのだ。ちなみに、「君が代」が法律上、日本の国歌に制定されたのは一九九九年と、さらに最近のことである。

第二次世界大戦中、アメリカでは愛国心が高まり、大リーグの試合の前には国歌が演奏され、歌うことが慣習となった。これはもともと、ホッケーの試合で国歌が演奏されるようになったのが、大リーグにも波及したものだが、現在ではホッケーや野球だけでなく、アメリカンフットボールやバスケットボールなどのプロや大学のスポーツゲームの前でも、国歌が演奏または斉唱されている。

一九九一年一月二七日、アメリカ最大のプロスポーツイベントとも言えるアメリカンフットボールの「第二五回スーパーボウル」が、フロリダ州タンパで開催された。当時、アメリカは湾岸戦争の最中であり、愛国心が高まっていた。そのとき、グラミー賞受賞歌手のホイットニー・ヒューストンが歌った国歌は、アメリカ国民に感動を与え、後にシングルリリースまでされて、同年の「ビルボード・ホット一〇〇」の二〇位に入った。

さらに、二〇〇一年九月一一日にアメリカで起こった同時多発テロ事件後、この曲が再度リリースされ、このときは六位に入っている。アメリカでは、国歌が最新シングルチャートに入るが、いつか君が代が「今週のベスト一〇」に入る日は来るのだろうか。

星条旗神話にまつわる謎《なぞ》

星条旗を見て感動したキーのように、アメリカ人の国旗に対する思い入れは絶大である。日本では、始業式や卒業式などになると日の丸掲揚が大きな問題になるが、アメリカでは、公立学校の各教室に星条旗が掲げられ、毎朝生徒が国旗に向かって忠誠の誓いを述べる。

筆者は一九八〇年から一年間、交換留学生としてペンシルヴァニア州の公立高校に通ったが、毎朝、日本では見られない光景を目の当たりにし、大変驚いた。教師も生徒も、右の拳を左胸にあて、教室に掲げられている星条旗に「忠誠の誓い」を唱えるからだ。

アメリカは、生活様式、信条、宗教、価値観などの異なる人々が寄り集まってできた人工国家なので、多種多様な国民を一つにまとめていくことが大きな課題だ。その手段として、神聖なる国旗が活用されている。愛国心と国家への忠誠は、人工国家の宿命だと言える。

だが実は、アメリカ統合のシンボルである国旗には、謎や神話も多い。たとえば、一七〜一八世紀の植民地時代、北米植民地の公的建物にはイギリスの旗が掲揚されていたが、これに替わる独自のアメリカ国旗を、誰が、いつ、どこで発案し、製作したのかは謎だ。アメリカ人に「最初に星条旗をつくった人は誰ですか」と尋ねると、たいてい「ベッツィー・ロス」という答えが返ってくる。

彼女は、夫のジョンとともにフィラデルフィアで室内装飾業を営んでいた。そこへジョージ・ワシントンら政府（大陸会議）代表団が訪れ、ベッツィーに国旗作成を依頼した。彼女は、その依頼を引き受け、「ベッツィー・ロスの旗」として知られる星条旗を縫い上げた、と言われている。

この逸話はアメリカ人の間では常識のようになっているが、残念ながら、歴史学的には検証されていない。ベッツィー・ロスは実在の人物だが、大陸会議が彼女に国旗作成を依頼したという確かな証拠はない。

つくられた伝説

独立戦争当時、各植民地ごとに独自の旗があったが、イギリスとの間で戦線が拡大するにつれ、敵、味方を区別するため、一三の植民地に共通の目印が必要となった。

そこで、現在の星条旗の基となった最初の非公式国旗「大陸旗」がつくられ、一七七六年一月一日、ジョージ・ワシントンが初めてこの旗を、大陸軍（植民地軍）に提示したと言われている。しかし、こうして生まれた大陸旗は、イギリス国旗に似ていたために不評だった。

そこで一七七七年六月一四日、大陸会議は、赤と白、一三本の縞《しま》模様を交互に付け、青地に白で一三個の星という「公定旗概要」を制定した。縞模様と星は、ともに一三の北米植民地を示している。ところが、星の配列方法までは決められていなかったため、さまざまなパターンの星条旗が登場した。有名な「ベッツィー・ロスの旗」は、その一つだ。

独立後、新しい州が増えると、縞模様と星の両方の数を増やしていった。だが、州が次第に増えていくと、縞模様を増やすのが難しくなってきた。そこで、一八一八年、縞模様は独立当時の一三州を示す一三本とし、州が増えるごとに、翌年の独立記念日（七月四日）に、旗の星を一つ追加するという法律を制定した。

一九五九年に、ハワイが五〇番目の州としてアメリカに加わると、五〇個の星を付ける現在の様式となった。そして、翌一九六〇年七月四日の独立記念日、午前零時一分、ボルティモアのマックヘンリー要塞国立博物館で、五〇個の星を付けた国旗が初めて公式に掲揚されたのだ。

さて、「ベッツィー・ロスの旗」に話を戻そう。実はこれは、つくられた伝説だったのである。

一八七〇年、ベッツィー・ロスの孫にあたるウィリアム・キャンビーは、フィラデルフィアにあるペンシルヴァニア歴史協会での講演において、彼が一一歳のとき、当時八四歳だったベッツィー・ロスから、最初のアメリカ国旗のデザインをしたという話を直接聞いたと述べている。そして、キャンビーの叔母たちも、それは本当の話だと言った。

しかし、この話はどうも怪しいというのが、多くの研究者の見方である。

この講演の少し後、一八七六年には、フィラデルフィアで独立百周年記念式典が開催されることになっていた。そこで当局が、観光客集めのために、この話を鵜《う》呑《の》みにし、「ベッツィー・ロス伝説」ができあがったというのが、真実のようだ。

状況証拠から判断すると、最初に星条旗のデザインを考案したのは、ニュージャージー植民地の政治家フランシス・ホプキンソンの可能性が高い。

ベッツィー・ロスの旗

「忠誠の誓い」の由来

現在、多くのアメリカ人は、星条旗を神聖なものだと認識している。ところが、一八世紀の時点では、星条旗にそのような神聖さはなかった。

星条旗が大きな意味をもつようになった最大の転機は、南北戦争で、南部連合が独自の旗を用いたことである。このため、北部にとって星条旗は、国家統合の重要なシンボルとなったのである。ある意味で、南北戦争とは南部連合に独自の旗を破棄させ、星条旗の下に連邦に復帰させるための戦争、つまり、国旗をめぐる戦いだったと言える。

一八九〇年代、作家兼プロテスタントの主流派の一つであるバプテスト派牧師のフランシス・ベラミーが「忠誠の誓い」をつくり、さらに愛国心を高めた。この言葉には、その後いくつかの修正が加えられ、現在でもアメリカの多くの公立学校で、国旗を前に毎朝唱えられている。

I pledge allegiance to my Flag and to the Republic for which it stands, one nation indivisible, with liberty and justice for all.（私は私の旗およびその国旗が表し、すべての人に自由と正義を与える分断することのできない一つの共和国に忠誠を誓います〈著者訳〉）

この「忠誠の誓い」は一八九二年九月、人気の子ども雑誌『ユース・コンパニオン』に掲載され、注目を集めた。さらに、同年一〇月一二日には、シカゴで開催された「コロンブスのアメリカ発見四百年祭」の記念式典で、公式の場としては初めて、国旗に向かって

「忠誠の誓い」が述べられた。さらに同日、公立学校に通う一二〇〇万人以上の生徒も、学校で同じ誓いを述べた。

一八九八年、キューバ情勢をめぐり、スペインとの間で戦争が勃発すると、ナショナリズムが高揚した。ニューヨーク州では、公立学校で国旗への敬意を毎日表明することを義務づける「国旗敬意表明法」が定められ、この動きは他の州にも広がっていった。筆者がペンシルヴァニア州で目撃した光景の背景には、このような歴史的展開があったのである。

信教の自由とのせめぎ合い

アメリカ憲法では、信教・言論の自由が保障されており、それを根拠に、国旗・国歌に関する法廷闘争が行われてきた。

一九四〇年六月三日、「ゴビティス事件」と呼ばれる事件の審査で、連邦最高裁判所は、史上初めて、国旗に関する訴訟問題に関して判決を下した。

これは、ペンシルヴァニア州で、エホバの証人（キリスト教系の一宗派）の信徒である二人の子どもが、信仰上の理由から学校で国旗への敬礼を拒否したために、退学となったのは不当だとして、親が訴えていた事件である。このとき、連邦最高裁は、学校側の言い分を認め、退学処分は正当だという判断を下した。

だが、このゴビティス事件判決に対する反対論は多く、わずか三年後、「バーネット事件」をめぐる裁判で、この判例が覆された。

これはウェストヴァージニア州で、信仰上の理由により国旗への敬礼を拒否したバーネット家の子どもたちが、公立学校を退学させられたことを不服として、親が訴えたケースである。

最終的に、連邦最高裁は、憲法修正第一条の信教の自由を根拠として、バーネット氏勝訴の判決を言い渡した。これ以降、公立学校で国旗への敬礼や国家への忠誠宣誓を法的に強制することは違憲とされ、現在にいたっている。

国旗焼却が合憲か否かという問題も大きな焦点である。

その代表例が、一九八九年六月二一日の「ジョンソン事件」判決である。

一九八四年八月、大統領のロナルド・レーガンの政策に反対する過激派グループのメンバーが、テキサス州ダラスで星条旗を冒瀆《ぼうとく》しながら燃やしたために、テキサス州法違反で訴追された。これに対し最高裁は、憲法で保障された言論の自由を根拠に、テキサス州法の違憲判決を下した。

この判決は、神聖な星条旗が燃やされたことに腹立たしい思いを抱いていた、多くのアメリカ人に大きな衝撃を与えた。判決後の各種世論調査では、七〇％以上の人が最高裁判決に反対だった。

連邦議会では、国民を一つにまとめていくシンボルである星条旗の神聖さを守るため、圧倒的多数でこの判決を非難する決議案が採択された。さらに一九八九年一〇月、星条旗を故意に焼却したり破損したりすることを刑事罰と定めた「国旗保護法」が連邦法として制定された。

ところが、同年一〇月に首都ワシントンD.C.で、一二月にはワシントン州シアトルで、国旗焼却事件が起こり、この国旗保護法の合憲性が争われた。両事件はあわせて審議され、一九九〇年六月、最高裁は、国旗保護法に違憲判決を下した。つまり、星条旗を踏んづけたり焼いたりしても、罰せられることはないということになったのである。

二〇〇一年九月一一日の同時多発テロ事件後、アメリカでは、大学キャンパス、車、家屋、店舗など、いたるところに国旗がはためき、ナショナリズムが高揚した。このような社会情勢を背景に、ますます、統合か自由かをめぐる争いは重要性を増していくだろう。

このようにアメリカでは、多種多様な国民を一つにまとめあげていくという課題と、憲法で保障された信教・言論の自由とのせめぎ合いが歴史的に繰り返され、今後も継続していくことが予想される。これは、巨大な人工国家の宿命とも言えるであろう。

奴隷にも格差社会があった

生きてアメリカに到着したのは約半分

一六一九年八月、イギリスの北米植民地に、初めて黒人が到着した。場所はヴァージニアのジェームズタウン。ただし、この黒人たちは奴隷ではなく、ほかの多くの白人同様、北米植民地在住の地主などから、イギリスからの渡航費を前借りした年季奉公人だといわれている。彼らは、渡航費を返済するために地主の下で数年働き、返済が終わると自由の身になる。

しかし一七世紀後半、ヴァージニアでタバコの栽培が本格化すると、大量の農業労働者が必要となり、定住者や年季奉公人では労働力が不足するようになった。そこで、この問題を解決するために、黒人奴隷制度が採用されたのである。当時、盛んだった奴隷貿易の一翼を、北米植民地も担うようになったのである。

アフリカ大陸で、北米植民地との奴隷貿易の中心だったのは、現在のアンゴラやベナンなどにあたるアフリカ西海岸だった。沿岸地帯の部族が、内陸の部族を襲い、ヨーロッパ人へと引き渡していた。ヨーロッパ人は、代金の替わりに、主に刃物や銃などの武器を渡していた。

捕らえられた黒人奴隷は、沿岸部の収容施設に送られたが、内陸部からそこへいたるまでの道のりは過酷で、約三分の一が死亡したと言われている。さらに、そこからの航海も劣悪な環境で行われた。狭い船内にできるだけ多くの奴隷を詰め込むため、アフリカ西海岸からアメリカに着くまでの約五〇日の間に、八人に一人が死亡したとも言われる。アフリカの地で捕らえられたうち、生きてアメリカの地に上陸した者は、一〇人中五～六人という低い割合であった。

これほどの犠牲を出しながら、一八世紀半ばの最盛期、年間八万人以上という多数のアフリカ人奴隷が、北米植民地や西インド諸島、南アメリカなどに送り込まれたのは、奴隷貿易が大変利益のあがるビジネスだったからである。たとえば一八世紀半ばのアメリカでは、黒人奴隷を、仕入れ値の三倍以上で売ることができたと言われている。

　本節では、そうした黒人奴隷が、草創期の北米植民地においていかなる暮らしをしていたのか、その実際の姿を紹介していきたい。

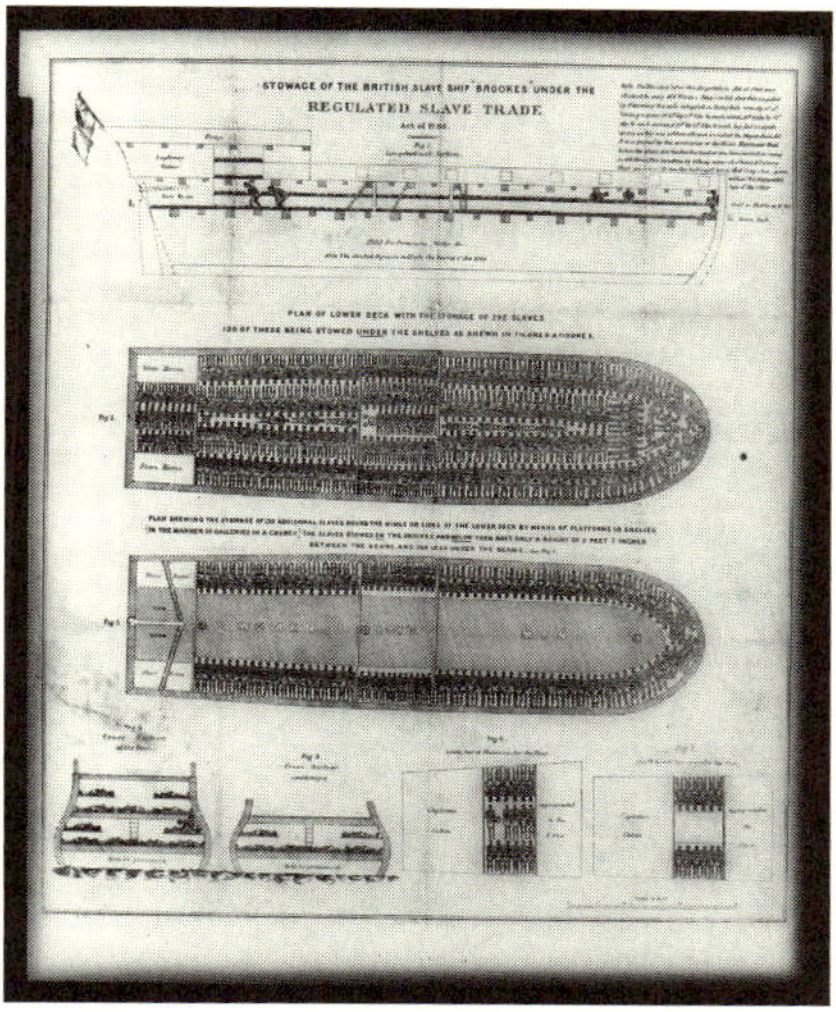

奴隷運搬船にはこのように奴隷が満載された。
Paul Boyer, et. al. eds., *Enduring Vision: A History of the American People* (Student Text), Houghton Mifflin College Div; 5版（2003/2/4）

奴隷にも階層があった

　ひとくちに奴隷といっても、その実状は多様であった。

　一〇〇人以上の奴隷を所有する大プランターは、奴隷たちの間に「階層」をつくって管理した。最も高い階層は、奴隷主の邸宅に出入りできる家内奴隷であり、その多くは女性で、子守、乳母、料理人、縫い子などとして働いていた。その次に高い階層は、奴隷頭（奴隷班長）だった。彼らは、プランターの下で中間管理職的役割を果たす白人の奴隷監督の右腕となって、奴隷職人を監督した。その奴隷職人は、靴・馬具職人、樽《たる》職人、大工、レンガ職人、庭師などの技術をもった専門職人であった。さらにその他に、畑で作業する奴隷もおり、彼らはより下層だと考えられていた。

ただし、一七世紀以降、南北戦争によって奴隷制度が廃止されるまでの間、黒人がすべて奴隷だったわけではない。北部諸州では一八〇四年までにほとんどの州で奴隷制が廃止されていたし、南部にも自由を得た黒人（自由黒人）が多数いた。南部の自由黒人は、奴隷主の遺言や独立戦争への従軍、さらには自分で対価を支払うなど、さまざまなかたちで自由を得た人々である。一八六〇年ごろには、全米にいた黒人全体の一一％程度が自由黒人だったと言われ、その半分以上は南部に在住していた。

また家内奴隷の中には、文字を習ったりして、自立していく者もいた。さらに、より恵まれた環境だったと考えられているのが、都市部の奴隷である。彼らは繰綿プレス工場、製革所、理髪店、鍛冶屋《かじや》などで働き、専門的な技術を提供する立場にあった。

プランテーションでの生活

通常、奴隷は夜明けの一時間前に警笛などで起床し、朝食後、奴隷小屋から仕事場へ向かった。奴隷主は、職人には男性奴隷を用い、女性奴隷は綿花畑などでの労働に従事させたといわれている。畑へは子どもを連れていくこともあり、奴隷監督に見張られながら、夜明けから日没まで綿花栽培などを続けた。冬には昼食以外、休憩なしで働かされることもあったが、暑い夏には昼食後、一時間半から三時間の休息が与えられることもあった。

日が暮れると、奴隷は自分たちの小屋に帰る。典型的な奴隷小屋というのは、丸太を泥と藁《わら》でつなぎ合わせた簡単なものだった。二五平方メートル程の広さで、そこに、五〜六人の奴隷が住んでいたので、窮屈だったかもしれない。通常、窓はなく、その代用として、木製のふたつきの穴がつくられていた。また奴隷は、日常生活の質を少しでも高めるため、廃材などを活用して自分でイス、テーブル、ベッドなどをつくり、砂などで磨いていた。

家族も築くことができた奴隷

奴隷にも家族がいたというと意外かもしれないが、実は、南部の奴隷主は奴隷の結婚を奨励していた。

ただし、これには理由がある。家族ができれば奴隷の逃亡を防ぐことができ、子どもが生まれれば奴隷の数が増えるからだ。新しい奴隷を仕入れなくても、元手をかけずに「奴隷という財産」を増やすことができるというわけである。

ちなみに一八二四年ごろ、通常一九歳から三〇歳までの男性奴隷は、一人当たり四〇〇～五〇〇ドル（二〇〇九年換算で約九二〇〇～一万二〇〇〇ドル）で、女性奴隷はその三分の二の価格だった。奴隷は奴隷主の私有財産なので、結婚も家族も法的な意味はもたず、奴隷の売買によって、突然家族が引き離されることも珍しくなかった。当時の奴隷は、一生の間に平均で、親、伴侶《はんりょ》、兄弟など一一人の家族・親戚の売買を経験したと言われている。

両親が揃《そろ》っている奴隷の子どもは少なかったので、奴隷居住区内には「仮想親族ネットワーク」が形成されることが多かった。そこでは、血縁関係がなくても、子どもたちは、世話をしてくれる大人を「おじさん」「おばさん」と呼んでいた。黒人奴隷社会では、両親と子どもだけという家族ではなく、共同体全体で子育てをせざるを得なかったのである。奴隷居住区で赤ん坊が誕生すると、奴隷主はとても喜び、自ら奴隷居住区を訪問し、場合によっては名づけ親になることもあった。

通常、新生児をもつ母親には二週間から一か月の「子育て期間」が与えられ、畑仕事を休み、新生児につきっきりで世話をすることが許された。母親が畑仕事に出るようになると、年上の兄弟や老女などが、新生児を奴隷居住区の「育児室」で世話をした。幼少時代は、過酷な労働に駆り立てられることもなく、奴隷にとって、最も幸福な時期だったという。

奴隷居住区は不衛生だったため、奴隷はマラリア、黄熱病、コレラ、赤痢、はしか、百日咳《ぜき》、腸チフス、天然痘、ジフテリアなど、さまざまな病気に悩まされた。そうした場合、奴隷の中には、薬草などを使ったり、独学や経験による診断や呪術《じゅじゅつ》に頼ったりして病気の治療にあたる者もいた。効果がみられた場合には、居住区の奴隷たちの尊敬を集めた。とくに人気が高かったのは、さまざまな種類の植物を混ぜてつくったお茶で、万能薬と呼ばれた。

だが、どの年齢層でも白人より奴隷の方が寿命は短く、とくに乳児死亡率は白人の二倍以上だった。

日曜日には教会にも通う

奴隷たちの日常生活は、どのようなものだったのだろうか。

まずは食生活である。たいていの場合、奴隷たちは小屋の周辺にさつまいも、豆、かぼちゃなどの菜園をつくり、夜間にその手入れをして、自給をしていた。

また、養鶏場や豚小屋を備えることを許されているプランテーションもあった。養鶏場を備えた奴隷小屋は比較的多く、鶏肉は奴隷が入手しやすい肉類だった。奴隷たちに人気の料理は、フライドチキンであったという。これはもともと、スコットランド人移民が南部に持ち込んだ鶏肉のフライ料理に、黒人が独特のスパイスを混ぜ合わせてつくりあげたものである。日持ちがよく、畑で働いている際に軽食として摂ることもできたので、重宝されていた。釣りや狩猟などによって食料の補給をしていた奴隷もいた。

さらに奴隷主から、食料として、一週間に一～二キログラム程度の豚肉や、適量のとうもろこしの粉などが配給されることも多かった。コーヒーなどが与えられる場合もあり、クリスマスをはじめとする特別な日には酒類や多くの肉などが振舞われることもあった。日曜日に、キリスト教の教会に行く奴隷もいた。それに関しては、黒人奴隷を組織的にキリスト教化するか否か、白人奴隷主の間に迷いがあったケースも多かったという。

ヴァージニア州での「ガブリエル・プロッサーの反乱」(一八〇〇年)や「ナット・ターナーの反乱」(一八三一年)、サウスカロライナ州での「デンマーク・ビージーの反乱」(一八二二年)など、奴隷反乱の指導者は、キリスト教に改宗した奴隷たちだったからだ。

当初、白人奴隷主は、キリスト教の教えによって、奴隷が、人間の平等という考え方や自由への欲求を高めるかもしれないと懸念していた。だが、聖職者たちが奴隷主を説得し、彼らも、反乱より従順に重きを置く「正しいキリスト教」を教えるためにも、組織的努力が必要だと考えるようになった。やがて、奴隷と白人奴隷主は、同じ教会へ通うことになっていった。座る場所は、異なっていたのだが。

固有の文化やプライベートな時間もあった

奴隷には固有の文化どころか、家族という基本的な社会組織もなく、奴隷は白人奴隷主のなすがままになっていた哀れな犠牲者だ、という説もあった。

だが、それは間違いである。今から考えれば当たり前のことだが、奴隷も喜怒哀楽の感情や自我意識をもった人間である。確かに奴隷は表面上、白人に従順な態度を示すことが多かったが、それは自分の身を守るために演じていたに過ぎない、といわれている。

奴隷を数人しか保有していない奴隷主の元で暮らす場合、奴隷は四六時中監視されていた。一方、奴隷が大勢いる大プランテーションでは、奴隷主の邸宅から離れた奴隷居住区があったため、奴隷たちは大プランテーションで働くことを好んだともいわれている。そしてこの、白人から切り離された黒人奴隷だけの共同体があったことで、独自の文化を生み出すことができたのである。

もともとアフリカには、一部族一言語とも言われるほど、多様な言語があった。

そこで、奴隷貿易商人たちは、奴隷たちが反乱を起こさないよう、言葉や風習が異なるさまざまな部族の寄せ集めになるよう心がけていた。

その中で黒人たちは、独自の文化を育《はぐく》むために、奴隷同士の意思疎通のための言語を必要としていた。そのために使われたのが「ピジン語」であった。ピジン語とは、異なる言語同士を混ぜ合わせた簡易言語であり、やがてアメリカ生まれの奴隷が多くなると、英語を基礎にした「ピジン英語」が奴隷の言葉として定着していくことになる。

ピジン英語の例としては、楽器の一種であるbanjo（バンジョー）のように、黒人奴隷が使っていた単語が標準英語になったものもある。また、ofayやgrayは白人をさす俗語として、黒人の間だけで使われていた。さらに黒人奴隷は、ピーナッツのことをgooberと呼んでいたが、この単語はのちに、奇人、変人、間抜けという意味のスラングとして、南部白人などの間で使われるようになっていった。

奴隷にもプライベートな時間があった。夜明けから日没までは奴隷監督などの監視下で過酷な労働に従事していたが、日没から夜明けまでは、奴隷居住区内で自由な時間をもつことができた。奴隷小屋では親族の団らんがもたれ、歌や物語を子どもたちに聞かせたり、彼らの伝統、価値観、生き方、感性などを伝えたりすることができた。

月夜の下で、こっそり集まって愚痴をこぼしたり、踊ったり、狩猟や魚釣りをしたりと余暇を楽しむこともあった。このような集まりは共同体の一体性を高めるのに役立った。集まりは夜の一一時ごろから始まることが多かったが、奴隷居住区共同体の秘密を暴露しないという不文律の約束事があり、それを守ることができる者だけが参加できた。

またそこには、白人牧師から教えを受けた黒人説教者も集まってくることも多かった。彼らは、白人の前では、白人に対する従順さの重要性を説いていたが、奴隷だけの集まりでは苦難からの解放などを訴えた。その一方で黒人奴隷たちは、表現豊かな音楽やダンスを楽しみ、賛美歌とアフリカ音楽の感性を融合させて黒人霊歌を形成していった。そしてそれは、一八二〇年ごろまでに独自の文化として定着していった。

約六二万人の戦死者というアメリカ史上最大の犠牲者を出した南北戦争を経て、全米ですべての奴隷が解放されたのは一八六五年のことだった。アメリカの黒人奴隷制度は、ちょうど明治維新の直前まで存続していたのである。

ある日、突然襲撃、拉致《らち》され、何世代にもわたって過酷な状況に置かれながらも、黒人奴隷は可能な限り、日常生活を楽しみ、独自の文化を築き上げていったのである。

第二章　不可思議な政治・経済

二大政党の政策は逆転していた

ワシントン政権内から生まれた二つの政党

大まかな理解では、民主党はリベラル層の、共和党は保守層の支持を受けている、と言われることが多い。

現在ではそうした傾向が強いことも確かだが、詳細にみていくと、そうとばかりは言えない部分もある。さらに驚くのは、過去における両党の支持基盤やその主張が、現在とはまったく異なる部分も多いことである。いったい、どのような状況だったのだろうか。

まずは、建国時の二大政党から触れてみよう。

独立戦争当時、植民地軍の最高司令官だったジョージ・ワシントンはアメリカの英雄であり、誰もが新興国家アメリカの指導者として認めていた。

そのため、一七八九年二月と一七九二年一一月に行われた大統領選挙では、対抗馬がおらず、彼が全選挙人の支持を獲得している。したがってこの時期には、アメリカに「政党」というものは存在しなかった。

ところが、そのワシントン政権内で、政策・考え方・利害関係などの相違によって、二つの勢力が形成されるようになった。それらが後年、政党に発展していったのである。

一方の勢力は、財務長官であったアレキザンダー・ハミルトンを中心とするグループである。彼らは、大衆を無教養で扇情的になりやすい存在だとみなして、その無秩序を嫌い、有能な指導者が政治を行うことでアメリカの商工業を発達させ、中央集権的な秩序を築こうとしていた。この勢力はのちに、ニューイングランドや商工業地域を主な支持基盤とする、「フェデラリスト党」という政党を形成する。

もう一方のグループは、国務長官のトーマス・ジェファーソンを指導者とする集団で、少数の指導者による統治を圧政と考え、各州の権利を重視し、大衆が政治に関与できる開かれた政治をめざしていた。彼らはその後、南部や西部の農業地域を主な支持基盤とした

「民主共和党」という政党を形成することになる。

平和裏の政権交代

ワシントンが二期目の任期を終えて引退した後の、一七九六年の大統領選挙では、フェデラリスト党の候補者ジョン・アダムスが大統領に、民主共和党の候補者ジェファーソンが副大統領に当選するという奇妙な状況が出現した。

当時の憲法では、大統領と副大統領をペアで選ぶのではなく、各選挙人は、単に複数の大統領候補者の中から二名に投票するだけであり、最多得票を得た者が大統領、次点者が副大統領となる仕組みだったからである。

ちなみにこの方式は、一八〇四年に確定した憲法修正第一二条によって、現在のように、大統領候補者の中から大統領を、副大統領候補者の中から副大統領を選出する方式に変わった。それ以降、各政党は大統領候補者と副大統領候補者をペアで送り出すことにしたので、選挙人は同じ政党の大統領・副大統領候補者に投票することになった。

両党が激しく対立する中、一八〇〇年の大統領選挙も前回と同じ方式で実施された。そこで、前回同様のことが起こらないように、民主共和党支持の選挙人七三名は全員、ジェファーソンとアーロン・バーのペアに投票した。しかしこの投票手法は、民主共和党が勝利を収める結果をもたらしたものの、二人の得票数が同数になるというできごとも引き起こしてしまった。新しい政治制度ができたころにありがちな初歩的なミスである。

その結果、憲法の規定にしたがって、この両者のどちらを大統領にするかを、ライバルであるフェデラリスト党が優勢な改選前の下院での決選投票で決めるという、奇妙な事態になってしまった。

決選投票では棄権なども多く、三五回の投票を経てもなお、どちらの候補も当選に必要な過半数を得ることができなかった。最終的には、フェデラリスト党の重鎮であるハミルトンが、ジェファーソンを支持するよう他の党員を説得し、三六回目の投票でようやくジェファーソンが過半数を獲得し、大統領に選出された。

このとき、大統領選挙と同時に行われた議会選挙では、民主共和党が、上下両院で過半数の議席を獲得した。これによって政情は一変した。それまでフェデラリスト党が行政府と立法府で優勢だったが、この選挙で民主共和党がこの二部門を掌握したのである。

大統領選も議会選も国論を二分する選挙だったが、一八〇一年三月の大統領就任演説で、ジェファーソンは両党の融和と国民の団結を求めた。総体的にみると、フェデラリスト党が優勢であった状況から民主共和党主導の体制へ、平和裏に権力の移行が行われた。この経験は新興国家アメリカの自信につながり、平穏な政権交代の礎《いしずえ》がここから築かれたのである。

消滅した全国政党

それまで大統領だったフェデラリスト党のアダムスは、一八〇〇年の大統領選挙に敗れると、政界から引退した。さらに、同党の指導者だったハミルトンも一八〇四年に死去した。

こうして中心的指導者を相次いで失ったフェデラリスト党は、徐々に衰退していき、これ以降、アメリカ政治の舞台で大きな注目を集めることはなくなった。

他方、支配的政党となった民主共和党にも、政党内でさまざまな派閥ができ、分裂を余儀なくされていた。

最終的に、一八三〇年代に入り、伝統的な州の地方自治を重視する「民主党」と、フェデラリスト党の流れを汲み、連邦政府が積極的に商工業の発展を支援するような政治体制を重視した「ホイッグ党」に分かれることになっていった。民主党もホイッグ党も、全米に支持者をもち、政権担当能力もある全国政党で、さまざまな利害を調整する能力をもっていた。

ところが一八五〇年代になると、奴隷制度の可否をめぐって、両党とも内部分裂の傾向を示し始めたのである。

まず民主党であるが、西部における奴隷制度への対応をめぐって、党内が二つに割れてしまった。奴隷制度の可否を住民投票で決めようとする「北部民主党」と、奴隷制度を連邦法によって維持しようとする「南部民主党」の対立が激化したのだ。

それでも民主党は、辛うじて一〇年近くの間、統一を保っていたが、一八六〇年大統領選挙では、南北の民主党がそれぞれ独自の候補者を擁立して、決定的に分裂することになった。これによって民主党は、限定された地域の利害を代弁する二つの政党に分かれてしまったのだ。

一方のホイッグ党も、分裂は回避できなかった。

奴隷制度を認めない自由州の「北部ホイッグ党員」が、奴隷制度反対を掲げて一八五四年に結成された「共和党」に流れていった。全米に支持基盤のあったホイッグ党と異なり、当時の共和党は、北部にしか支持基盤のない地域政党だった。他方、奴隷制度を認める奴隷州の「南部ホイッグ党員」は、奴隷制度を支持する「南部民主党」に加わった。

ここにおいて全米を包括する政党は消滅してしまった。替わって台頭した地域政党は、奴隷制度に対して賛否どちらかの主張をするだけであり、全国レベルでこの問題に関する利害調整をする能力はなかった。ある意味で、利害調整ができる全国政党の喪失が、南北戦争の原因の一つになったとも言える。

二大政党制の確立

南北戦争後、北部の共和党が中心となった連邦政府は、連邦軍を南部の五つのブロックに駐留させて軍政をしいた。これによって、治安を回復するとともに、黒人への差別を抑制したのである。

さらに同時期、連邦への反乱罪によって、南部白人の一〇〜一五%が選挙権を剝奪される一方で、七〇万人以上の解放奴隷が選挙権を獲得している。これらの政策の結果、黒人が州議会議員や連邦議会議員に選出されるという現象も見られるようになった。

黒人有権者は、南北戦争で奴隷を解放し、軍政をしいて南部社会の改革に携わっている共和党を熱烈に支持した。こうして南北戦争後、北部の地域政党だった共和党は、南部にもその勢力を伸ばし、全国政党に成長していったのである。

他方、奴隷制度をめぐって南北に分裂した民主党は、南北戦争後、奴隷制が廃止されたために、対立点がなくなり、共和党への対抗政党としてまとまっていった。

民主党は、北部では、移民に寛容な態度をとり、都市で就職などの世話をすることで、移民や労働者の支持を受けて発展していった。

その一方で、南部の民主党は、人種差別の撤廃に否定的な態度をとり続けた。

南北戦争後、南部の解放黒人に対する白人の憎悪は高まっていった。秘密組織クー・クラックス・クラン(KKK)などが、暴力による黒人威圧策を講じたのは、この流れの中でのできごとだ。また南北戦争後、追放されていた白人も、政界に復帰していた。

このように、時間とともに南部諸州では、次第に白人の影響力が回復していった。この地域では、白人を中心とした民主党が勢力を拡大し、後述するように州法で合法的に黒人から投票権を剝奪したり、人種差別政策を進めたりしながら、政治権力を回復していった。南北戦争後、共和党と民主党という二大政党制は、こうした流れの中で確立されていったのである。

民主党の人種差別政策

憲法修正第一五条によって、人種や肌の色を理由に投票権を制限することが禁じられた。しかし、南部諸州では、憲法違反にならないような形でさまざまな州法を定め、解放黒人の投票権を剝奪した。

たとえばルイジアナ州では、父親もしくは祖父が投票権をもっていなかった者には投票権を与えないという規則が定められた。黒人有権者の中で、南北戦争前に投票権を有していた父親もしくは祖父をもつ者は少なく、結果的にルイジアナ州では、南北戦争後も解放黒人の多くは投票ができない状態が続くことになった。この州法は、黒人に狙《ねら》いを定めて投票権を剝奪するための姑息《こそく》な手段だったのである。

南部の民主党支配を決定的にしたのが、一八七六年の大統領選挙戦だった。この選挙戦は、共和党のラザフォード・ヘイズと、民主党のサミュエル・ティルデンの戦いだった。大接戦の末、民主党のティルデンがいったんは勝利を収めたかにみえた。

ところが共和党のヘイズ陣営が、民主党の牙城《がじょう》である南部三州（サウスカロライナ州、フロリダ州、ルイジアナ州）での選挙結果に対して、ティルデン陣営が不正をしたのではないかと疑義を呈したのである。これら三州の選挙人は総数一九名であり、もし裁定によって共和党のヘイズがすべて獲得するようなことになれば、逆転勝利となる。

この問題を解決するため、両党代表が非公式交渉を繰り返し、ついに妥協が成立した。民主党は共和党の言い分を受けいれ、ヘイズの勝利を承認したのである。

ただし、その見返りも大きかった。共和党側は、ヘイズの大統領就任後、サウスカロライナ州とルイジアナ州から連邦軍を撤退することを約束したのである。民主党は、大統領の座を共和党に譲るかわりに、共和党の南部支配の象徴だった連邦軍の占領をやめさせることに成功したのだ。これはアメリカ史上、「一八七七年の大妥協」と呼ばれている。

今日とは異なり、一九世紀後半のアメリカでは政党を牛耳るボスの力が強く、談合によって大統領選挙の結果も左右されるほどだった。ヘイズの就任をめぐる談合は、この典型例である。そしてこのことが、その後の南部社会に大きな変化をもたらした。

ヘイズの就任後、連邦軍が撤退したために、南部は民主党の牙城となった。それ以降、南部では徹底的に人種差別政策が推し進められた。たとえば、ルイジアナ州では、一八九〇年制定の法律によって、白人と黒人で利用できる列車車両が分離されていた。

この状況に対して、「アフリカ系アメリカ人とクレオールの市民委員会」という公民権支援グループが、ホーマー・プレッシーという黒人男性と協力して、反対運動を行った。

ここでプレッシーは、故意に白人専用車両に座り、車掌が黒人専用車両に移動するよう指示するのを待った。そして、彼はこの指示を拒み、逮捕された。これによって、事件は連邦最高裁判所で争われることになったのである。

一八九六年に連邦最高裁が出した結論は、列車車両を人種によって分離したルイジアナ州法を合憲とするものであった。当時の南部諸州の情勢を追認したのである。これは「プレッシー判決」と言われる著名な判決であり、最高裁は、黒人を分離しても、白人と待遇が同じであれば平等だと判断したのだ。

判決後、南部では劇場、公衆トイレ、刑務所、公立学校、公園、ホテルのロビーなど、さまざまな公共施設で、黒人用と白人用の施設が分離された。これ以降、南部では黒人差別を基礎にした民主党支配が続くことになる。

考えが分かれた大恐慌への対応

共和党と民主党は、経済問題に関しても対照的な考えをもっていた。そのため、アメリカが一八七〇年代から周期的な恐慌に見舞われるようになると、両党は、明確に異なる対処法を提示するようになったのである。

共和党は、実業界の利益を擁護していたので、インフレ抑制のために市場に出回る通貨量を制限し、国内産業の保護のために関税障壁を設けることを主張した。

一方、南部の農民の間に大きな支持基盤に持つ民主党は、これとは対照的に、市場に出回る通貨量を増やすことで、物価を上げ、固定金利で資金を借りていた農民の負債を軽減しようとした。さらに、農家への政府融資、低関税、大企業の規制強化なども要求した。

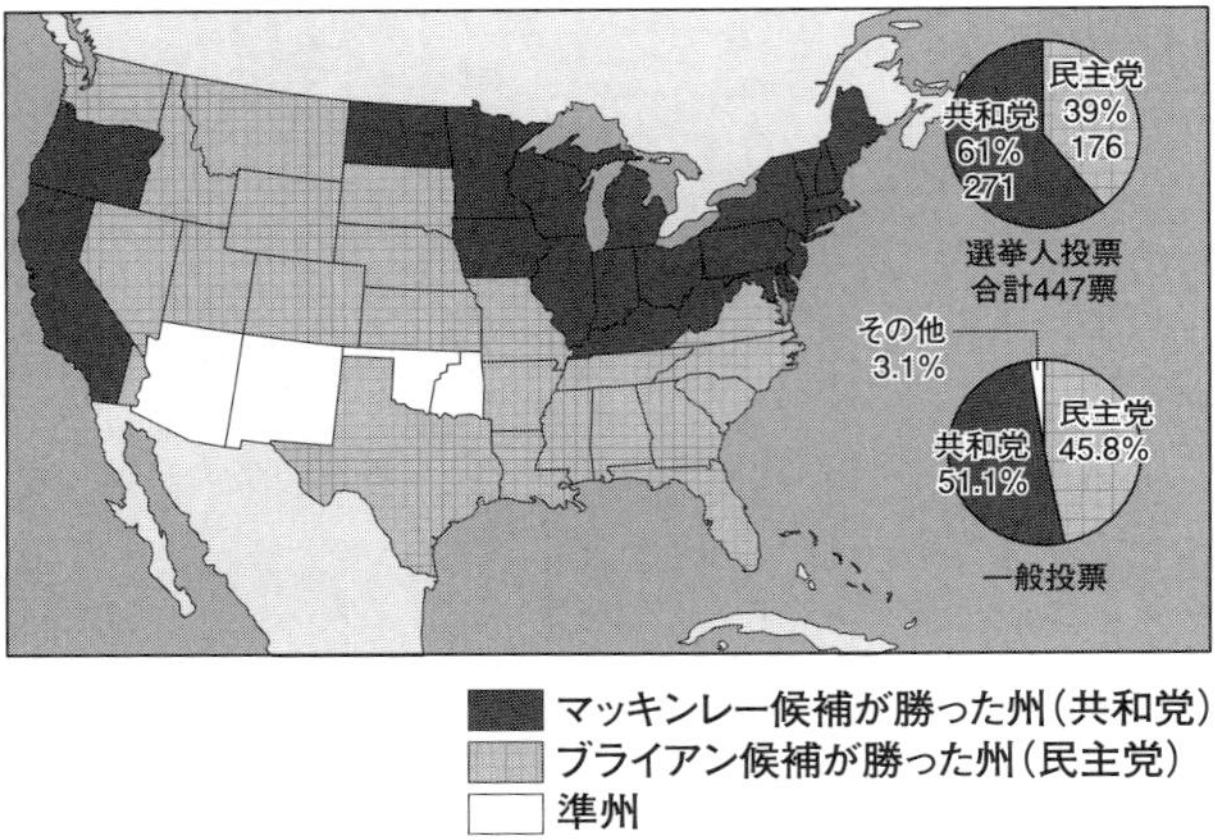

1896年の大統領選挙の結果
（http://www.presidency.ucsb.edu/showelection.php?year=1896 より作成）

これら両党の主張がぶつかったのが、一八九六年の大統領選挙だった。この選挙では共和党が勝利し、それ以降、一九三〇年代前半までの三〇年以上、主に共和党がアメリカ政治を支配することになった。アメリカは、大企業寄りの経済発展の道を歩むことになったのである。

この体制に再編を迫ったのが、一九二九年の大恐慌だった。

共和党は、伝統的に市場経済を重視し、市場が自動的に経済の調整を行うことこそが、社会にとっての最適の状態をもたらすのであり、政府は経済活動に積極的に介入すべきではないと考えた。しかし、こうした共和党の考えに基づいたハーバート・フーヴァー政権下では、経済はいっこうに回復の兆しをみせなかった。

そのため、一九三二年の大統領選挙では、民主党のフランクリン・D・ルーズヴェルトが圧勝し、上下両院とも民主党が多数派となった。

ルーズヴェルトの政策は「ニューディール（新規まき直し）」と呼ばれるが、その基本的な考えは、市場の自動調整機能に依存するのではなく、人間が合理的・科学的に経済を運営することこそが、社会全体の利益につながるというものだ。

連邦政府はその一環として、減反政策によって農産物価格を上げ、政府の支援によって工業製品の価格を安定させるなど、経済活動に積極的に介入していった。

人種差別撤廃に向けて舵《かじ》を切った民主党

一九三〇年代半ば、ルーズヴェルトは、雇用主による、労働者の団結権や団体行動の自由の侵害を禁止した「全国労働関係法」（ワグナー法）の制定に尽力し、さらに「社会保障法」を成立させることで、老齢年金、失業保険、児童福祉手当などの制度をつくった。

民主党はもともと、北部において、労働組合やリベラル派、カトリック教徒、ユダヤ教徒、黒人などといった少数派に対して寛容な態度を示すことで、彼らの支持を獲得しようとしてきたが、ニューディール政策によってそれは確固たるものになった。

その結果、北部のリベラル派と、一九世紀後半以来、民主党の強固な支持基盤だった南部の白人保守派が、ルーズヴェルト支持という共通点によって、「大連合」（ニューディール連合）を形成したのである。

この大連合の形成と維持は、ルーズヴェルトという、卓越した政治能力とカリスマ性を備えた指導者がいたからこそ、可能だった。しかし、多種雑多な層が混在しているため、さまざまな矛盾が生じた。とくに人種問題をめぐっては、深刻な対立が起きた。

第二次世界大戦中、多数の南部黒人が職を求めて北部の都市へ移住していき、そこで民主党の支持者になっていた。そのため、ルーズヴェルトのリベラル路線を継承した大統領のハリー・S・トルーマンは、黒人を含めたすべてのアメリカ人が、選挙権や被選挙権といった主権者として当然もっている権利である「公民権」を享受すべきだと主張したのだ。

民主党はこのとき、人種差別撤廃に向けて大きく方針を転換したかにみえた。

ところが、南部白人の人種分離主義者は、これに真っ向から反対した。一九四八年の大統領選挙では、民主党内の南部保守派が党を離脱し、「州権党」を設立するまでになった。州権党は、黒人と白人の分離を認める「人種分離法」を支持していたサウスカロライナ州知事ストローム・サーモンドを、大統領候補に指名した。

結局、大統領選挙ではトルーマンが勝利したものの、それまで民主党一党支配だった南部では、トルーマンを支持する白人「穏健派」と、サーモンドを推す白人の「人種分離主義者」が分裂し、民主党の支持基盤に亀裂が入ったのである。

公民権運動の盛り上がり

南部人種分離主義者のよりどころは、前述のプレッシー判決（八六ページ参照）だったが、この判例は一九五四年に覆された。

連邦最高裁判所のアール・ウォーレン主席判事が、公教育において、教育施設が白人用と黒人用に分離されているのは不平等だと結論づけ、公教育における人種分離政策を憲法違反とする有名な「ブラウン判決」を下したのである。プレッシー判決と異なり、「分離すること自体が既に不平等」だと判断したのだ。

この判決は南部の白人層にとって大きな衝撃だった。一九五四年の世論調査によると、南部白人の約八〇％がこの判決に反対しており、一九五六年には、一〇〇名以上の下院議員がブラウン判決を非難する「南部マニフェスト」に署名した。

しかし、人種差別撤廃に向けた流れは変わらなかった。

一九六〇年代には、人種差別に反対し、黒人や他の少数グループにも、白人と同等の権利の保障を要求する「公民権運動」が盛んになった。

まず一九六三年八月、首都ワシントンD.C.で、二五万人が参加する大行進が行われ、穏健な非暴力公民権運動を展開していたマーティン・ルーサー・キング・ジュニアが「私には夢がある」という有名な演説をすることで、全米の人種差別撤廃熱を高めた。

また、大統領のジョン・F・ケネディは、黒人の入学を認めようとしなかったミシシッピー州立大学やアラバマ州立大学に黒人学生が入学できるよう、連邦軍を投入するなど、毅然たる態度を示した。弟で司法長官のロバート・ケネディも、ミシシッピー州とアラバマ州の知事に協力を要請し、ミシシッピー州立大学の当局者の説得にもあたった。

さらにケネディは、一九六三年六月、「公民権法案」を議会に提案した。そして、同年一一月に彼が暗殺された後も、副大統領から大統領に昇格したリンドン・B・ジョンソンが、その遺志を引き継ぎ、一九六四年には、公立学校と公共施設における人種分離を違法とした「公民権法」が制定されたのである。

そして、翌一九六五年には「投票権法」も成立している。アメリカでは有権者登録をして初めて投票できるのだが、この法律によって、黒人の有権者登録が不当に妨害された場合、(州政府に代わって)連邦政府が有権者登録を行えるようになった。

このように一九六〇年代の民主党は、公民権運動を支援するなど、積極的に人種差別撤廃政策を打ち出した。当時、公民権運動は大きな社会のうねりとなりつつあり、ケネディ政権とジョンソン政権は、南部白人の支持を失うリスクを冒しながらも、大きくリベラル路線に傾いていったのである。

「南部戦略」で右旋回した共和党

一方、こうした民主党に対して、南部白人の猜疑心《さいぎしん》や非難は高まっていった。一九六四年の大統領選挙では、サウスカロライナ州やジョージア州など深南部五州で、公民権法に真っ向から反対したバリー・ゴールドウォーター共和党候補が勝利を収めるという事態になった。

共和党はここで、南部白人の動揺を察知し、「南部戦略」を打ち出した。南北戦争以来、南部で黒人の権利を擁護してきた共和党は、ここで一八〇度戦略を転換したのである。

これによって共和党は、民主党に不満を抱くようになった白人保守層にアピールする人種差別政策を容認し、南部の政界に浸透していった。その影響を受けて、南部の民主党支配は徐々に崩れていったのである。

「南部戦略」は共和党の政治戦略家、ケヴィン・フィリップスが使い始めたと言われている。彼は、南部の人種差別をあからさまに擁護するのではなく、「法と秩序の回復」という表現を使って、人種差別撤廃に歯止めをかけるというメッセージを白人有権者に送った。

この保守的なスローガンは、多くの南部白人を引きつけた。一九六〇年代以降、南部では民主党より共和党が、白人たちの支持を得るようになったのである。こうして、人種差別問題をめぐる民主、共和両党の政策は、一気に逆転することになったのだ。

そして社会問題に関する両党の政策は、現在でも、このとき決まった方針の影響が多くみられる。

今日の二大政党

現在の二大政党の特徴は、経済政策と社会政策に分けて考えると理解しやすい。

経済政策において共和党は、「自由」と「競争」を重視する。彼らは、福祉政策への関心は低く、経済活動に政府はあまり介入すべきではないと考えている。大企業の利益を優先するために、環境問題などへの取り組みも消極的な傾向がある。

他方、民主党は「平等」と「公平」を重視している。そして、景気を調整し、社会的弱者を支援するために、政府は積極的な役割を果たすべきだと主張する。環境破壊などの問題に関しても、より積極的に取り組む姿勢をみせている。

さまざまな社会問題に関して言えば、共和党は、公立学校での祈りの復活を求めるキリスト教右派（保守派）が重要な支持基盤となっていることもあり、同性結婚や妊娠中絶に反対することが一般的だ。

他方の民主党は、多様性を重視し、同性結婚や妊娠中絶に寛容な態度を示すことが多い。さらに、公立学校での祈りに関しては、国民の思想信条の自由が脅かされるとして、反対の立場をとることが多い。

このように、現在の共和党と民主党は、基本的には異なる考え方をもっている。しかし、この相違点をあまり強調すべきではないだろう。なぜならば、両党とも、歴史的にみて、政策的な柔軟性があり、選挙に勝つためにはしばしば現実的な選択をしてきたからだ。人種差別問題に対する両党の政策の逆転は、そのいい例である。

アメリカ社会では、大部分がイデオロギー的には中道派である。また、二大政党の支持基盤は、社会経済的に広範囲にまたがっている。このため選挙の際は、基本的に二大政党はどちらも中道の政策姿勢をとることがふつうである。

大まかに言えば、共和党は中道から保守派を、民主党は中道からリベラル派を、その支持基盤に持っていると言えるが、できるだけ支持層を拡大するために、原理原則に拘束されることは少ない。

二大政党のいずれもが、政権担当能力があり、実際に政権を運営した経験も豊富だというのは、両党のこうした柔軟な姿勢によるものでもある。

政党帰属意識の弱体化

今日、二大政党にとっての大きな問題は、無党派層の拡大である。

アメリカの現在の有権者は、特定の政党を強く支持するかわりに、状況や政策に応じて、支持政党を変えることが多い。

たとえば世論調査の結果でも、政治に関心はあるが、二大政党のどちらとも距離をおく無党派層は、一九五二年には二三％だったが、二〇〇四年には三九％と増加している。そして、短期間で投票行動を変化させるこうした無党派層の増加にともなって、大統領選挙では、政党よりも候補者のイメージがより重視されるようになりつつある。

少し意外かもしれないが、日本とは異なり、アメリカの二大政党には厳格な「党規律」がない。そのため、日本の政党のように、議案の賛否について、自らの意向に所属議員を従わせる強制力が、党にはない。それどころか、アメリカでは各州の独自性が強く、両党とも、党単位で全米共通の政策を打ち出すかわりに、議員個人が自分の選出された選挙区

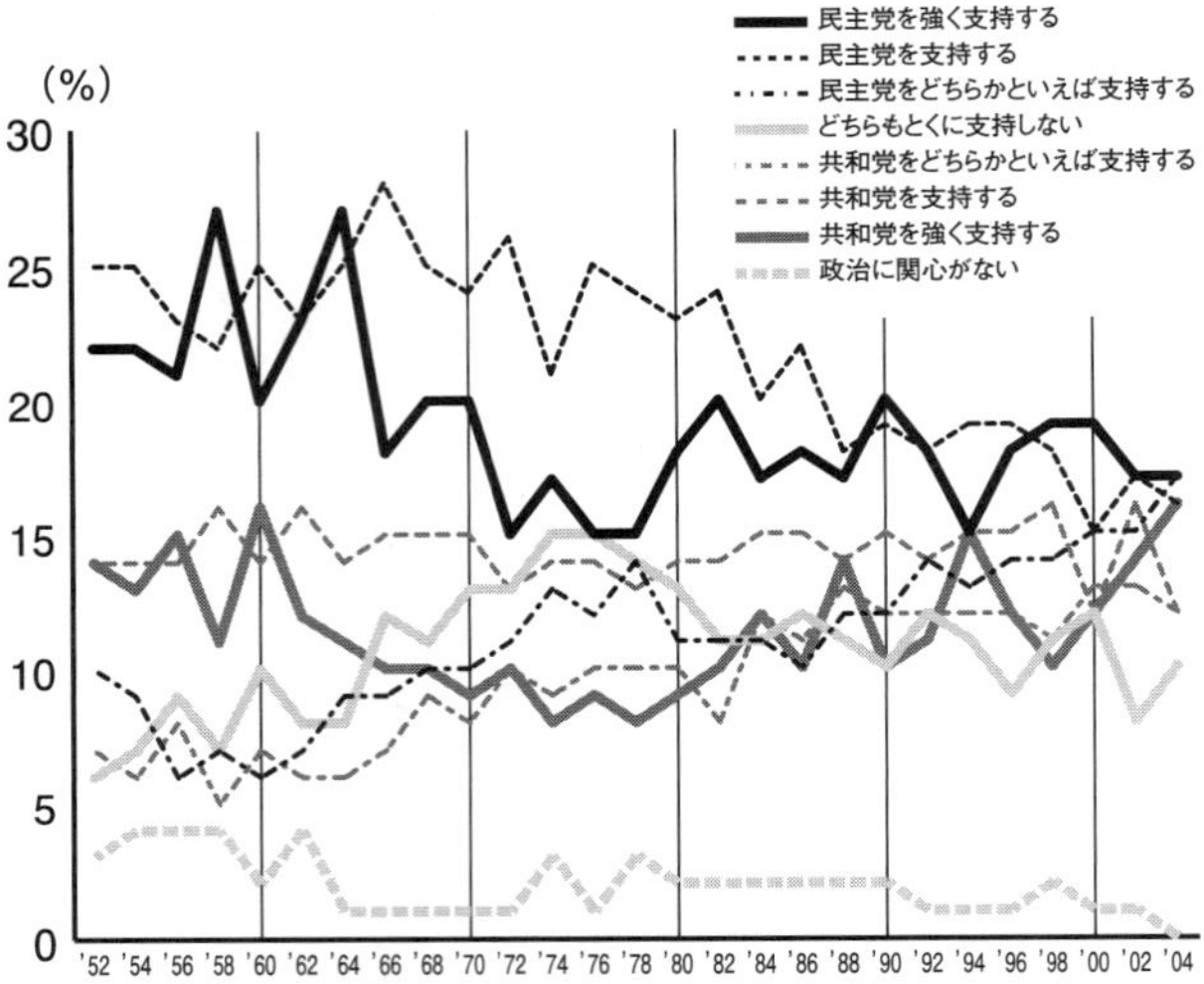

アメリカ人の政党帰属意識の変遷
（http://www.electionstudies.org/nesguide/toptable/tab2a_1.htm より作成）

の実情に応じて、個々の政策を主張するのである。

たとえば近年でも、大統領のウィリアム・クリントンが推進した国民皆健康保険政策に対して、彼の所属する民主党内からも反対論が起こり、結局、この計画は実現にうつすことができなかった。これは、民間保険をより重視し、公的介入は最低限にすべきだと唱える「民主党穏健派」にとっても、より政府の権限を大きくすべきだと主張する「民主党リベラル派」にとっても、大統領の政策は中途半端で、満足のいくものではなかったからだ。

政党組織を弱体化させる予備選挙

予備選挙の普及も、政党組織の弱体化に拍車をかけている。予備選挙とは、各党が選挙に出馬する候補者を選出する党内部の選挙である。

先ほども紹介したように昔は、党の有力者たちの話し合いによって、大統領候補者が決められたこともあった。いわゆる「ボス政治」だ。しかし、二〇世紀初頭に、ボス政治では党員の意思が十分反映されないという意見が台頭し、「予備選挙」を採用する州が現れた。一九六〇年代以降、全米に普及し、予備選挙の結果が党大会で拘束力をもつようになっていった。

こうした予備選挙では、候補者は党組織や党の有力者に頼ることなく、独自の選挙対策組織や資金源を持つことが重要になっている。

現在、二大政党では、多くの党員の支持を得なければならない予備選挙の重要性がますます増大している。予備選挙では、多くの費用が必要となり、しかも候補者個人がその莫大な費用を集めなければならない。このような制度下では、候補者選定に関する政党の機能が低下し、候補者中心の選挙が行われるようになることは当然の流れであった。

二大政党制はなくなるのか？

とはいえ、有力候補者が二大政党を脱党して独立候補となったり、第三政党を新たにつくったりすることはほとんどない。

政党組織の強力な情報収集能力や、全米五〇州の末端レベルにまで行き渡る党組織は、候補者にとっても、依然として魅力的なものだ。低下したとはいえ、政党は政治組織としての重要な機能を残しており、二大政党システムが終焉《しゅうえん》したとは言えないのだ。

今日、若者を中心とした無党派層が増大し、この層を取り込んだ政党が、選挙に勝利する傾向がある。

二〇〇八年の大統領選挙では、民主党候補のバラク・オバマが、ケネディを彷彿《ほうふつ》とさせる「変化」への希望を述べ、アメリカ国内の多様性を統合することの重要性を説いた。さらにオバマ陣営は、ボランティア活動を中心とした草の根運動を展開し、インターネットを利用した少額ネット献金といった斬新《ざんしん》な手法を採用したりすることで無党派層を引きつけた。

今日もアメリカの二大政党制は健在であり、これにかわる形態はなかなか出現しないであろう。しかしいずれの党も、固定した支持基盤層だけでなく、無党派層をも取り込むために、社会の変化や時代のニーズに敏感に対応し続けなければならない、という課題を背負っていることは確かなのである。

知られざるアメリカ社会党・共産党の活躍

労働者の不満の高まり

ソ連を「悪の帝国」と呼び、共産主義・社会主義諸国を嫌悪してきたアメリカだが、国内には社会党や共産党も存在する。アメリカ史を繙《ひもと》くと、両党が躍進した時期もあった。これらは、どのようにしてできたのか。そして、現在はどの程度の勢力をもっているのか。まずは、その歴史からみてみよう。

一九世紀半ばに南北戦争が終了して以降、アメリカは急激な経済発展を遂げた。アメリカの大都市には、東・南ヨーロッパから多数の移民が押し寄せ、工場で単純労働に従事する労働者階級が形成されていった。そして工業化が進むにつれて、資本家と労働者の経済格差は次第に広がり、労働者の不満が高まりつつあった。

こうした状況の下で、企業や公益事業、鉄道や通信システムなどの国営化を進め、富の平等化を目指そうという社会主義運動に共鳴する人も多かった。革命家カール・マルクスを生み出したドイツでは、一九世紀以来、社会主義思想が盛んであり、アメリカにはそのような思想に魅力を感じるドイツ系移民も多かった。

一八七六年、そうしたドイツ系移民などを中心に、社会主義を標榜《ひょうぼう》する人たちが集まって「労働者党」を結成し、翌一八七七年には、「社会主義労働党」（ＳＬＰ）と改名した。これが、アメリカ最古のマルクス主義政党である。しかし、ＳＬＰにはカリスマ的指導者がなく、脆弱《ぜいじゃく》な組織だった。

カリスマ指導者の出現

一九世紀後半、経済活動において政府の規制や計画性は少なく、自由放任の傾向が強かった。

その結果、アメリカ経済は一八七〇年代から周期的な経済不況に見舞われ、とくに一八九三〜九七年の不況は大変深刻なものだった。

当時、鉄道事業に投機的投資が行われており、無謀な路線の拡大を続けた鉄道会社は、多額の借金を抱えて行き詰まり、相次いで倒産していった。そして、この時期の基幹産業の一つである鉄道業の落ち込みは、鉄鋼業のような関連産業にも飛び火していった。

業績が悪化した鉄道会社では、次々に人員整理や賃金引下げなどを断行し、これに反発した労働者は、各地でストライキを起こしていた。

シカゴにあるプルマン寝台車会社でも、賃金カットに端を発するストライキが発生したが、その際、ユージン・V・デブズ率いるアメリカ鉄道組合は、全米の組合員にプルマン車両のボイコットを呼びかけた。これに応えるかたちで、二七の州で一五万人以上の労働者が大規模なストライキを行った。このため、大統領のグロバー・クリーヴランドが、連邦軍を投入して鎮圧に乗り出さざるを得ない事態にまでなった。

プルマン・ストライキで中心的役割を果たしたデブズは、早くから労働運動に関わり、アメリカ鉄道組合を実質的に一人で組織した人物である。当初、彼は社会主義者ではなかった。しかし、この一件で騒乱罪に問われて投獄され、服役中にカール・マルクスらの作品を読むうちに、社会主義を信奉するようになり、一八九五年に釈放された後は、社会主義運動を推進していくことになる。

彼は、ジャーナリストで社会主義者のヴィクター・L・バーガーと協力し、一八九七年に「アメリカ社会民主党」（ＳＤＰＡ）を結成した。この政党は、生産手段の国有化や、失業対策として連邦政府による公共事業、女性の権利擁護、戦争放棄などの政策を掲げた。デブズは抜群の行動力があり、雄弁で多くの聴衆を魅了した。

社会党の誕生

この当時、社会主義者の国際的な組織である「第二インターナショナル」が活発に活動しており、世界的に社会主義が台頭していた。その影響はアメリカにも及んでいた。

こうした中、一九〇一年七月から八月にかけてインディアナポリスで開かれた社会主義者の会議で、ＳＬＰから穏健派が脱退し、デブズ率いるＳＤＰＡに合流するというできごとが起きた。これが、「アメリカ社会党」（ＳＰＡ）の誕生である。

ＳＰＡは、会議の中で、交通・通信手段などの公営化やすべての男女に平等な市民権や政治的権利を与えることなどの政治的要求を採択した。

結党当時、ＳＰＡの党員は一万人程度だったが、社会経済体制の改革意識がアメリカ社会に広がった二〇世紀初頭には、少しずつ増加していった。

これは、社会主義思想が、日刊・週刊新聞など多くの定期刊行物を通じて、全米に普及していったこととも関係がある。こうした定期刊行物の多くは、新来の移民でも読めるように、彼らの母国語で書かれていた。その中で最も著名なものは、カンザスで刊行された『理性への訴え』という週刊紙で、一九一三年の時点では七五万部以上も刷られていた。当時、日刊新聞の『ニューヨーク・タイムズ』の発行部数は二〇万部ほどであり、比較するとその部数の多さがわかるだろう。

こうした勢いに乗り、デブズは一九〇〇年から四回連続して大統領選挙に出馬した。初回の一九〇〇年には、一般投票で全得票数中のわずか〇・六%しか獲得できなかったが、その後、少しずつ得票率を伸ばしていった。一九一二年の大統領選挙で彼は、全得票数中の六・〇%にあたる九〇万票以上を獲得したほどである。

このときＳＰＡの党員数は、結党当時の一〇倍以上にあたる約一二万人にまで増加し、二人の連邦議会議員、ウィスコンシン州ミルウォーキー、ミシガン州フリント、カリフォルニア州バークレーなどを含む五〇以上の都市の市長、三〇〇人以上の地方議員を始めとして、全米で一二〇〇人にものぼる公職者を選出するまでになったのである。

第一次世界大戦とアメリカ社会党の反戦表明

ＳＰＡの大きな支持母体は、アメリカに移住してきた、比較的新しい移民たちだった。もともとアメリカは、ヨーロッパからの移民がつくった国であるが、一八九〇年代を境に、移民の質が大きく変化していた。従来の移民は、イギリスやドイツなど北・西ヨーロッパ出身の「旧移民」が主流だった。しかし一八九〇年代以降、移民の中心は、イタリア人やスラブ人、ギリシャ人、ユダヤ人などの「新移民」に移っていった。

新移民は、一九世紀末から一九二〇年までのわずか三〇年間ほどの期間に、一〇〇〇万人以上がアメリカに到着した。アメリカの人口は、一九二〇年の国勢調査で初めて一億人を超えたが、その約一割がこうした新移民だったのだ。彼らは、宗教、民族、文化的背景などが、旧移民と大きく異なり、新たに生活を始めたアメリカで、経済的に困窮したり、疎外感を感じたりすることも多かった。ＳＰＡは、これらの人々の主張の受け皿となって、勢力を伸ばすことに成功したのである。

こうした中、一九一四年七月に、ヨーロッパで第一次世界大戦が勃発した。

当時、各国の社会主義政党は第二インターナショナルに加盟し、労働者階級の国際的な連帯を旗印に掲げていた。しかし彼らは、戦争という非常事態に直面し、ナショナリズムにとらわれて、自国の戦争を支持するようになったため、第二インターナショナルは崩壊してしまった。

一方、ＳＰＡは当初、戦争に対して中立を提唱していた。しかし、一九一七年四月にアメリカが第一次世界大戦に参戦すると、セントルイス大会での激論の末に、党として反戦の立場をとることになった。

しかしこの決断は、政府からの弾圧を招いた。まず同年六月に、スパイ防止法が成立し、社会主義者などの反戦活動に対する刑罰が定められた。そして一九一八年五月、デブズがオハイオ州で反戦演説を行うと、当局はスパイ防止法違反で彼を投獄したのである。

こうした政府からの弾圧は、ＳＰＡの勢力低下をもたらした。

アメリカ共産党の結成

ＳＰＡに、さらに決定的な影響を与えたのが、一九一七年一一月のロシア革命で、ボリシェビキ（ロシア社会民主労働党）が政権の座についたことだった。

一九一九年三月、ボリシェビキの指導者ウラジミール・レーニンが、「第三インターナショナル」（コミンテルン）を結成したのである。第三インターナショナルは、ソ連を中心とする中央集権的な国際組織で、事実上、世界の社会主義運動を、ソ連の統制下に置こうとするものであった。

ＳＰＡ主流派は、ロシア革命の理念には好意的だったものの、ロシアのボリシェビキ政権の統制下に置かれることには反対だった。一方、ＳＰＡ主流派に対抗する親ボリシェビキ派は、コミンテルンへの即時加盟を要求していた。

一九一九年にシカゴで開催された臨時党大会では、党内対立が最高潮に達した。その結果、親ボリシェビキ派が脱党して「アメリカ共産党」を結成し、ＳＰＡは分裂した。

ＳＰＡに残ったのは四万人ほどで、残りの六万人ほどは、新しく創立されたアメリカ共産党に移っていったのである。

アメリカ社会党に打撃を与えたニューディール政策

第一次世界大戦中、幹部の多くが投獄や起訴をされたことで、SPAの活動は重大な支障をきたしていた。さらに一九二〇年代に、移民を制限する法律が制定されたことは、外国生まれの移民労働者から多くの支持を得ていたSPAに大きな打撃となった。

こうして、SPAの勢力は少しずつ衰退していった。

とはいえ、衰退する一方だったSPAにも一時、再起の可能性がみえたことがあった。そのきっかけは一九二九年の大恐慌だった。一九三二年に、SPAの新たな顔として大統領選挙に出馬したノーマン・トーマスは、経済的に困窮する人々の支持を集め、前回選挙の際の三倍以上にあたる八八万票以上の票を獲得した。

しかし、このSPAの伸張も、当局の政策によって阻止された。ただし今回は、平和的な方法で。SPAを無力にしたのはニューディール政策だった。連邦政府が積極的に経済に介入し、農業の立て直しや、組織労働者の保護、社会保障といった斬新で社会主義的な

大統領選挙年	アメリカ社会党・共産党の大統領候補	得票数
1900	ユージン・V.デブズ(SDPA候補)	87,945
1904	ユージン・V.デブズ	402,810
1908	ユージン・V.デブズ	420,852
1912	ユージン・V.デブズ	901,551
1916	アラン・L.ベンソン	590,524
1920	ユージン・V.デブズ	913,693
1924	社会党は独自候補者立てず	—
	ウィリアム・Z.フォスター(共産党)	36,669
1928	ノーマン・トーマス	267,478
	ウィリアム・Z.フォスター(共産党)	48,551
1932	ノーマン・トーマス	884,885
	ウィリアム・Z.フォスター(共産党)	103,307
1936	ノーマン・トーマス	187,910
	アール・ブラウダー(共産党)	79,315
1940	ノーマン・トーマス	116,599
1944	ノーマン・トーマス	79,017
1948	ノーマン・トーマス	139,569

アメリカ社会党・共産党の大統領候補と得票数（1900〜48年）
（http://uspresidentialelections.webs.com/18761916.htm および http://uspresidentialelections.webs.com/19201960.htm より作成）

政策を、次から次へと打ち出したのである。

ルーズヴェルトは、資本主義体制内で思い切った改革を断行した。これは、SPA党員の心情に訴えるものを持ち、多くの労働組合指導者たちは、ルーズヴェルトを支持するようになっていった。理想を提唱するだけで、政策を実現できないSPAよりも、政権の座にあり、現実に改革を実行できるルーズヴェルト政権の方が、SPA党員にとって魅力的に映ったのである。

一九三六年の大統領選挙で、ＳＰＡは、前回と同じトーマスを候補に立てたが、前回の五分の一程度の票しか得ることができなかった。彼は一九四〇年、一九四四年、一九四八年にも、大統領選挙に出馬したが、状況を変えることはできなかった。

ＳＰＡは、その後もアメリカ社会の中で勢いを取り戻すことができず、一九七三年、ついに分裂して消滅してしまった。

ＳＰＡの後継政党の一つが、現在の「アメリカ合衆国社会党」である。彼らは、二〇〇八年の大統領選挙にも候補者を立てたが、七〇〇〇票余りの一般票しか得られず、その存在感はなきに等しいものとなっている。

アメリカ共産党の活躍と衰退

一方のアメリカ共産党はどうであろうか。

一九一九年にＳＰＡが分裂し、アメリカ共産党が設立された時点では、六万人ほどの党員がいた。当時の共産党員は、その大部分がニューヨーク市やその周辺にいる外国生まれの移民であった。

これに対しアメリカ政府は、第一次世界大戦中から戦後にかけて、共産主義者、無政府主義者、労働運動指導者への取締りを強めていった。とくに一九二〇年には、当局による一斉「赤狩り」（レッド・スケア）が実施され、共産党員や労働運動の活動家など約一万人が逮捕され、移民を中心に数千人が国外追放されるという事件も起きている。

アメリカ共産党は、こうした当局の弾圧などによって党員が激減し、一九二四年と一九二八年の大統領選挙には、独自の候補者を出したものの、わずか三万〜五万票を獲得しただけであった。一九二〇年代末までに、党員数はわずか七〇〇〇人ほどに激減していた。

しかし、一九二九年の大恐慌による社会の混乱によって、共産主義運動の支持者も微増した。経済不況のまっただ中、一九三二年の大統領選挙に、アメリカ共産党の大統領候補者として出馬したウィリアム・Z・フォスターは、四年前の二倍以上、共産党候補としては史上最多の一〇万票以上を獲得したのである。もっともそれは、全得票数中の割合でいえば、わずか〇・三％にしか過ぎなかったが。

こうした微増傾向は、その後も少しの間続いた。

アメリカ経済は、一九二九年に始まった大恐慌からなかなか抜け出すことができず、一九三〇年代後半になってもなお、一〇〇〇万人にのぼる失業者がいた。このような長期不況を背景に、この時期、共産党員の数は六万五〇〇〇人ほどに拡大したのだ。

ところが、一九三九年八月に独ソ不可侵条約が締結されると、アメリカ共産党はこれに同調し、それまでの反ナチズム・反ファシズム路線の放棄を決定した。党員の多くはこれに反発し、党を去っていったのである。

一九四一年六月、独ソ不可侵条約を破り、ドイツがソ連に侵攻すると、再度、事態に変化が訪れた。アメリカ共産党は立場を翻し、この戦争を「民主主義を守るための戦い」と位置づけて、打倒ドイツを唱えたのだ。

一九四一年一二月にアメリカが参戦すると、ソ連は同盟国となった。アメリカ共産党の支持者は、ナチズムを嫌い、共産主義を提唱する人たちが多かったため、このできごとは党に有利に働いた。党員が七万五〇〇〇人ほどにまで拡大したのである。

しかし戦後になると、状況は再び一変した。

政府は、政府転覆活動の取締りを目的として一九四〇年に成立した「外国人登録法」（スミス法）をアメリカ共産党員に適用し、党の指導者などを起訴した。戦前に三度、大統領選挙に立候補したフォスターも逮捕された。そしてその後、米ソ冷戦が本格化すると、党内でも大きな混乱がみられ、党はほぼ壊滅状態となってしまった。

その後、いくばくかの党勢回復もあり、大統領選挙に候補者を送ることもあったが、一九八四年の大統領選挙戦を最後に、それ以降は候補者を立てていない。

一九九〇年代には、スラム地区などで党員獲得の努力をし、比較的若い黒人やヒスパニックの貧困者の関心を集めたが、もはやアメリカ共産党はほとんど人気を失っている。

左翼政党に存在意義はあったのか？

ここで少し考えてみたい。はたしてアメリカでは、社会党や共産党の存在意義はあったのだろうか。アメリカ社会党や共産党は、何らかの歴史的役割を果たしたのだろうか。

両党は、一九世紀後半から一九三〇年代に頭角を現した。この時期は、南北戦争を経て、現代アメリカが形成されていった時期と重なる。

この時期に、労働者の権利やその劣悪な労働環境を省みず、利潤増大のみを追い求めていた一九世紀後半のアメリカ経済のあり方に対し、疑問を投げかけたのが社会党だった。

また、一九三〇年代の長引く不況を背景に、アメリカ資本主義体制そのものに根本的な疑問を呈したのが共産党だった。

彼らはアメリカ社会において、大きな勢力になることは一度もなかった。しかし、その主張の一部は、確実にニューディール政策などに取り込まれていった。その意味で、社会党と共産党が果たした役割は、アメリカ資本主義体制に柔軟性をもたせ、革新的な修正を行わせるきっかけを与えたことだと言えるだろう。

大恐慌を克服したのはニューディール政策だったのか？

不安定な一九二〇年代末の経済

「活況の一九二〇年代」といわれた時期、アメリカの工業部門では大量生産に拍車がかかっていた。しかしその繁栄の裏側には、不況にあえぐ農業部門や低賃金での仕事を余儀なくされる労働者など、日の当たらない部分もあった。

たとえば、この期間に貧富の格差が広がり、国民の上位わずか五%が、国民所得の三三%前後を獲得するようになった一方で、人口の四〇%が貧困ライン（一九二九年に四人家族では年収約一四六〇ドル、二〇〇九年換算で約一万八〇〇〇ドル）以下の貧困層であった。

また政府は、株式市場に積極的に介入して規制することもなかったので、企業は安易に株券を発行した。これによって、投機が盛んになり、株の売買で一夜にして大金を手にするような人間が現れる反面、大失敗をして多額の借金を背負う人も続出した。

こうした貧富の格差の増大と、株式市場での異常な投機熱が組み合わさり、一九二〇年代末のアメリカ経済は不安定なものとなっていた。

その中で、一九二九年一〇月二四日木曜日、株価が大暴落。「暗黒の木曜日」だ。

これをきっかけに、一九三〇年代の大恐慌が始まった。大恐慌が起こってわずか数年で、企業収益は半減し、失業者数は八倍以上の一二〇〇万人以上に急増した。これは一四歳以上の労働人口の、実に四人に一人を占めるほどであった。

こうした状況を変え、アメリカ経済に活気をもたらしたとされるのが、「ニューディール政策」である。しかし現在、その効果については疑問が投げかけられている。本節では、このニューディール政策をめぐる状況と問題点について紹介していきたい。

大恐慌に無策だったフーヴァー

今日の常識では考えられないことだが、大恐慌が起きた当時の大統領、ハーバート・フ

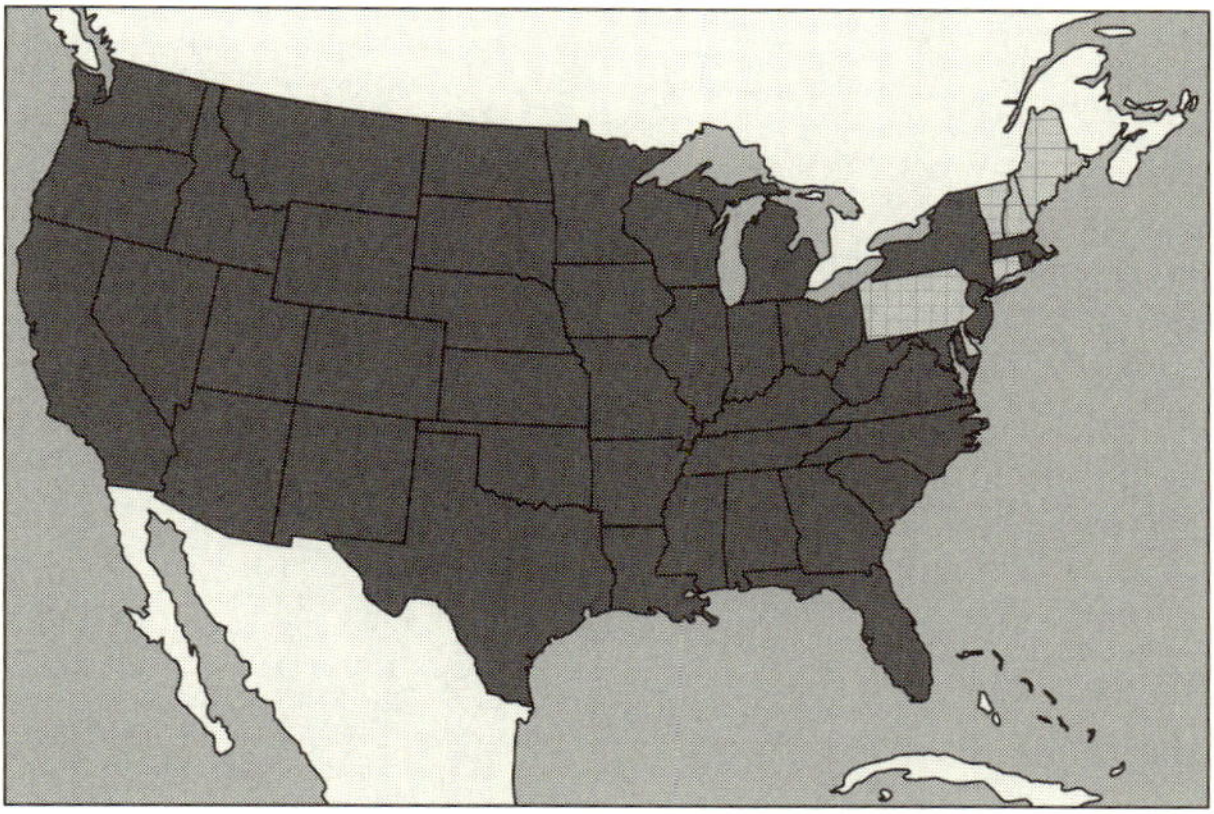

1932年の大統領選挙の結果
（http://uselectionatlas.org/RESULTS/ より作成）

ーヴァーは、民間の自発的行動を重視しており、そのために、政府が積極的に介入し、失業対策や救済事業を行うといった手を打たなかった。彼は、資本主義経済に不況はつきもので、そのうち自然に回復するだろうと楽観視していたのである。

ところが、状況は悪化の一途をたどり、一向に回復の兆しをみせなかった。にもかかわらず健全財政論者のフーヴァーは、財政赤字を埋め合わせるためとして増税を要求し、国民の大きな不評を買っていた。

一九三二年の大統領選挙は、こうし

て悪化した経済状況の下で行われた。

民主党大統領候補のフランクリン・D.ルーズヴェルトは、具体的な政策の詳細は語らなかったものの、「ニューディール」によって大不況を克服すると唱え、国民に夢と希望を与えた。結果は、未曾有《みぞう》の不況に苦しむアメリカ国民の期待を一身に担ったルーズヴェルトの圧勝だった。上下両院選挙でも民主党が勝利し、ルーズヴェルト主導の不況対策、すなわち「ニューディール政策」を進めるお膳立《ぜんだ》てが整ったのである。

ルーズヴェルトの最初の一〇〇日

ルーズヴェルトは、就任するや否や、選挙時には明確に詳細を公表していなかったニューディール政策を、民主党主導の議会と協力して進めていった。ニューディール政策の根幹は、それまでの自由放任、つまり経済活動に政府が介入しないという原則を転換し、政府が積極的に経済に関与していったことである。

新大統領就任後、最初の一〇〇日間に、連邦議会は矢継ぎ早に金融、農業、工業分野で重要法案を通過させた。

当時、金融分野においては、大不況下で債務不履行が増えたため、金融不安の噂《うわさ》などでパニックに陥った多くの国民が銀行預金の引き出しに殺到し、次々と銀行が倒産していた。一八八〇年代後半から一九二〇年代前半にかけて、アメリカでは経済成長に呼応する形で、銀行の数は急速に増加していった。一九二一年ごろには三万を超える銀行が存在していた。それに対し、当時の自由放任経済下では銀行の倒産も多く、好況が続いた一九二〇年代の大恐慌前の時点でも、年間五〇〇行から一〇〇〇行程度の銀行が倒産していた。しかし大恐慌後は、その倒産数が急増した。一九三〇年から一九三二年には年平均一七〇〇行前後が倒産し、一九三三年にいたっては一挙に四〇〇〇行以上が倒産したほどである。

この状況下で、ルーズヴェルトは就任後、まず金融安定化に力を注いだ。

まず彼は、一九三三年三月、全米の銀行業務を四日間停止する命令を出し、その後、連邦議会が「緊急銀行法」を制定した。この法によって、健全な銀行の業務再開が認められるとともに、銀行に対する政府の監督が強化された。また、同年六月に制定された「銀行法」では、「連邦預金保険公社」を新設し、政府が五〇〇〇ドルまでの預貯金を保証することになった。現在の「預金者保護制度」の先駆けである。

さらにこの銀行法によって、法人顧客を対象とした株式や債券の引き受けを主な業務とする「投資銀行」と、預貯金を元手に主に短期的な金融業務を行う「商業銀行」が明確に分離されるようになった。これは、商業銀行が、預貯金を元手に投資業務にまで手を出したのが、大恐慌の大きな原因の一つだと考えられていたために実施された政策である。こうした一連の政策によって、事実上、すべての銀行に連邦政府の規制が及ぶことになった。

農業分野での最大の問題は、生産過多による価格の低下だった。

そのため連邦政府は、農産物価格を引きあげる目的で、豚、小麦、とうもろこし、綿花、酪農品などの生産者に対し、生産高を減らせば補償金や補助金を支給すると発表した。

この政策によって連邦政府は、約一〇〇万戸の農場主との間で、二〇〇万頭以上の雌豚、六〇〇万頭以上の子豚の処分、一〇〇〇万エーカー（四万四七〇平方キロメートル）、つまり甲子園球場一〇〇万個分以上という広大な耕作地における綿作の破棄など、大規模な減反契約を交わすことに成功した。その結果として、農産物価格は上昇したのである。

工業分野における最大の課題は、不況による販売不振と製品価格の引き下げが、労働者の賃金削減やレイオフ（一時解雇）、労使関係の悪化や失業者の増加などに結びつき、それによっていっそうの不況が進む、という悪循環を断ち切ることだった。また、企業の体力を消耗させないため、企業が無理な価格競争（ダンピング）を行わないようにさせることも必要だった。

そこで連邦政府は、「公正な競争」を行うための、価格、賃金、生産高、ダンピングの禁止などを規定した規約を、業界ごとにその指導者たちに作成させた。

今日の感覚では、業界ごとに官製の談合を行ったとも言えるが、それまでの熾烈《しれつ》な競争が業界全体の体力を消耗させてきたことを考えると、大きな意味もあった。

さらに労働者に対しては、労働組合をつくって団体交渉をする権利を認めた。

ルーズヴェルトの登場までは、連邦政府が経済活動に直接、深く関与することは少なかったが、これ以降、こうして連邦政府が経済に介入することが常態化していったのである。

急進的批判の登場

しかし、このような一連の施策にもかかわらず、一九三〇年代中盤の時点でも、失業者は依然として一〇〇〇万人を超えており、アメリカの経済復興は芳しくなかった。

そのため、単一の経済問題に論点を絞り、簡単な解決方法を提示した三人の大衆扇動家が、長引く不況に打ちひしがれた民衆の心をとらえ始めた。

まず、ミシガン州のカトリック司祭チャールズ・コフリンは、銀行の国有化などを提起し、主に下層中産階級の支持を受けるようになった。彼は毎週ラジオ放送を行い、最盛期には、国民の三分の一がそのラジオ放送を聴いたと言われるほど、絶大な人気を誇っていた。

さらに、カリフォルニア州の医師フランシス・タウンゼンドは、政府が六〇歳以上の高齢者全員に、受給後三〇日以内にすべて使うという条件で、毎月二〇〇ドル（二〇〇九年換算で約三一三〇ドル）を支給するという案を発表した。この案は、老後の経済的保障が確保されることで、自発的な退職者が増え、その穴を埋めるために新規雇用が増大するので、失業問題の解決にも役立つと考えられていた。このタウンゼンド案を支持していたのは、主にカリフォルニア州を中心とした高齢者だった。

また、ルイジアナ州選出のヒューイ・ロング上院議員は、「我々の富を共有化せよ」というスローガンを掲げ、一〇〇万ドル以上の「所得」と五〇〇〇万ドル以上の「資産」を没収し、国民全員で分け合うことを主張した。これはまさに社会主義的な政策であったが、意外にも、全米で七〇〇万人以上の人がこのロング案を支持したと言われている。アメリカの低所得者層の生活は、そこまで追いつめられていたのである。

こうしたニューディールに対する急進的批判が台頭してきたため、ルーズヴェルトは、労働者など一般の多くの人々を対象とした革新的な政策を推進せざるを得なかった。

この政策の柱が、「全国労働関係法」(ワグナー法)と「社会保障法」の制定である。

まず一九三五年、ルーズヴェルトは、雇用主が労働者の団結権や団体行動の自由を侵害することを禁じた「ワグナー法」の制定に尽力した。

次に彼は、社会保障法を成立させ、これによって老齢年金、失業保険、児童福祉手当などの制度を整えていった。当初の給付金は微々たるものであり、さらに実際の年金給付開始はかなり後の話ではあったが、重要な点は、連邦政府が、長期的な福祉国家の建設に責任を負うようになったことである。この社会保障の概念は、戦後、先進国に定着した同様の制度の先駆けとなるものであった。

このようなルーズヴェルトの戦略は、組織労働者の支持を確固たるものにし、一九三六年の大統領選挙で、彼は前回以上の圧勝で再選された。

一九三七年のルーズヴェルト不況

ところが、勝利の酔いも覚めやらぬうちに、ルーズヴェルトは再び苦境に立たされることとなった。

一九三四年から一九三七年初めにかけて、失業率や実質国内総生産（GDP）などの経済指標は、次第に回復の兆しをみせていたが、一九三七年後半以降、アメリカは再び経済不況に見舞われたのである。その主な要因としては、二つ挙げられる。

一つは、一九三五年に制定された社会保障法によって、雇用主と被雇用者それぞれに、給与の一%にあたる「社会保障税」が課されることになり、一九三七年から実際にその徴収が始まったことである。これによって、二〇億ドル（二〇〇九年換算で約三〇〇億ドル）が市場から吸い上げられ、その分、消費が抑制された。

二つ目の要因としては、アメリカの金融政策を決める「連邦準備制度理事会」が、インフレ予防対策として通貨量を急激に削減したことが挙げられる。ルーズヴェルトは、ニューディール政策による経済活動への積極的な介入を実施する一方で、財政赤字の拡大を嫌い、連邦準備制度理事会の金融引締め政策を支持していたのである。

しかし一九三七年の不況に直面し、ルーズヴェルトは、政策の再検討を余儀なくされた。彼は、政府が計画的に財政赤字を出しながら経済を刺激するという、大胆な経済政策をとることにした。具体的には、公共住宅や大陸横断高速道路の建設など、公共事業による景気回復策を積極的に採用したのである。

その結果、失業率や実質GDPなどは若干改善された。しかしアメリカ経済は、依然として不況から脱することができず、一九三八年になっても一〇〇〇万人以上の失業者がいた。

一九三三年以来、ニューディールに大きな期待をかけていた国民も、なかなか経済復興の実益を味わうことができず、次第に国内には閉塞《へいそく》感が漂うようになっていった。

アメリカを大不況から救った本当の原因

このとき、アメリカ経済を大きく刺激するものが登場した。

それは、一九三九年のヨーロッパにおける戦争勃発以降、とくに一九四一年一二月の日米開戦以降に本格的に形成された「戦時経済体制」だった。

アメリカ政府は、一九四五年八月の終戦までの間に、この戦時経済体制に二九六〇億ドル（二〇〇九年換算で約三・五兆ドル）以上を費やした。二〇〇九年度のアメリカ連邦政府の歳出額は約三・五兆ドルなので、それと同じ規模の支出が実施されたわけである。当時の政府の役割が、現在と比べて小さなものだったことを考えると、この金額の巨大さがわかるだろう。

こうした巨額の歳出によって、アメリカの軍事費は、戦争期間中に五〇倍以上に増加した。戦前は、経済全体に占める軍需の割合は二％以下に過ぎなかったが、戦時中にはそれが四〇％前後にまで激増している。

この状況を受けて、一九四〇年には八〇〇万人以上いた失業者（失業率は一四・六％）は瞬く間に減り、一九四四年には六七万人（同一・二％）にまで減少した。また戦争期間中に、アメリカの実質ＧＤＰは一・八倍以上になり、一人当たりの実質ＧＤＰも約二倍に増大している。ここにおいて、アメリカの大不況は克服され、経済は蘇《よみがえ》ったのである。

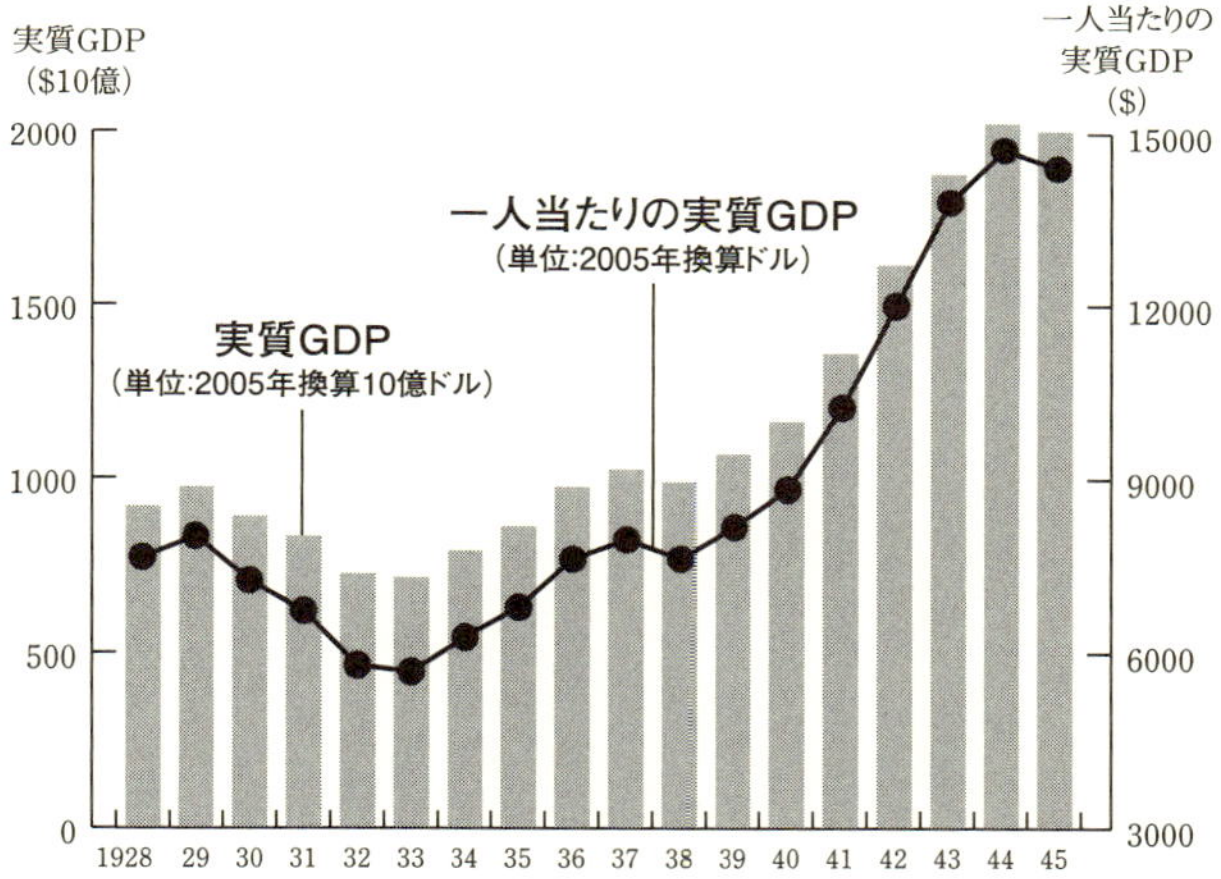

1928〜45年の実質国内総生産と一人あたり実質国内総生産（2005年時点のドル換算）（Louis D. Johnston and Samuel H. Williamson, "What Was the U.S. GDP Then?" MeasuringWorth,2008, http://www.measuringworth.org/usgdp/ より作成）

一九三三年から八年以上、ルーズヴェルトは、さまざまな手段を用いて大不況に対処しようとした。一九三三年から一九三九年の間に、連邦政府は総額約二七五億ドル（二〇〇九年換算で約四二五〇億ドル）をニューディール政策に費やした。この額は、この六年間の連邦政府総歳出の五五％にも達するものだったが、それでも不況から脱出することはできなかった。現在から考えると、大不況を克服するためには、政府支出額があまりに少なすぎたと言える。

ところが、いったん戦時経済体制に

入ると、わずか四年たらずの間に、ニューディール政策に要した費用の一〇倍以上の支出が行われた。これによって、アメリカにおける失業者は激減し、好況が訪れた。

大不況からアメリカを救ったのは、まさに戦時経済体制だったと言えるだろう。

では、ニューディール政策はアメリカに何ももたらさなかったのだろうか。

そうではない。ニューディール政策は不況を克服できなかったものの、アメリカに大きな構造的転換をもたらしたことは確かである。ニューディール以前は、原則として、連邦政府が経済に直接、深く関与することは少なく、また政府の関与を否定的に考えることが主流だった。だがニューディール以降、連邦政府が積極的に経済に介入することは当然視されるようになった。

ニューディール政策のもつ最大の意義は、アメリカの経済運営における連邦政府の役割が一気に拡大し、その正当性が国民の間で定着したことである。この状況は、現在にいたるまで変わっていない。

二〇〇八年後半以降、アメリカをはじめとする世界経済は、一〇〇年に一度と言われるほどの深刻な不況に見舞われた。二〇〇九年一月に就任した大統領のバラク・オバマは、公共事業や個人向け減税など約七八七〇億ドルの景気対策を進め、三五〇万人以上の雇用を維持・創出しようとしている。まさにニューディール政策の理念を受け継ぐものだ。

ただし、今回の不況はグローバル化した世界の状況を反映して、その根は深い。そのため、すぐに景気が回復しないことは、オバマ自身も認めている。さらに、景気対策によって短期的な回復が見込めるとしても、その後には莫大な財政赤字というツケが残っている。「現代版ニューディール」が、前途多難な道を歩んでいることも確かなのである。

四六〇〇万人の無保険者がいた不思議

国民皆健康保険制度がなかったアメリカ

二〇一〇年三月、「医療保険制度改革法」が成立した。それによって、アメリカ史上初めて事実上の国民皆健康保険が導入されることになるという、画期的なできごとである。

アメリカはこれまで、先進諸国で唯一、国民皆健康保険が存在しなかった。

本節では、アメリカのこうした公的な医療保険制度を取り巻く状況についてみてみよう。

日本では、病気になれば、保険証を手に近くの医療機関に行く。これが当たり前の光景である。しかし、アメリカでは違う。

病気で苦しみながらも、医者に診てもらえない人や入院できない人が大勢いるのだ。それは、国民皆健康保険体制が整えられていないため、医療費が高額になるからである。たとえば、専門医の初診料は二〇〇～五〇〇ドル、入院すると室料だけで一日二〇〇〇～三〇〇〇ドルがかかると言われている。医療保険に加入していなければ、払い難い金額だ。

アメリカでは一九六〇年以降、国民医療費は増加の一途をたどり、二〇〇六年には二兆ドルを超えている。さらに、二〇一五年には四兆ドルになると予想されている。こうした状況を反映して、GDPに対する国民医療費の割合は、世界一大きい水準になっている。

医療費高騰の要因としては、高齢者人口の増加や、医療サービスの量的・質的な拡充、医療の高度化などが挙げられる。とくに一九八〇年代以降では、高度医療化にともなう新たな技術や高価な新薬の登場などが、医療費増加の大きな原因となっている。

こうした医療費高騰の背景には、医療費の支払い方法もあるとみられている。

従来は、アメリカでも日本同様、医療費の「出来高払い制度」が主流だった。これは、注射や点滴、血液検査といったさまざまな医療行為の価格を合算して、医療機関が請求する制度である。

しかしアメリカでは、日本と異なり、公的な「診療報酬単価」が定められていないため、同じような治療を受けても、受診する医療機関によって値段が異なるという事態が生じている。医療機関が自由に診療報酬を設定できるこうした状況は、医療費の高騰につながり、結果的に健康保険料が高くなっている。そのため、巨額の医療費を使いながらも、あるいは医療費が巨額だからこそ、アメリカの医療保険体制は非常に貧弱な状態が続いている。

アメリカでは、健康保険への加入は任意となっている。そのため、保険料を払う能力や意志のない無保険者が増加しており、一九九四年には総人口の一五・三％に当たる四〇〇〇万人を突破している。

それでも、一九九〇年代は好景気に支えられ、さらに大幅に無保険者が増えることはなかったが、二一世紀に入り、無保険者はさらに増えている。二〇〇八年時点で、アメリカで医療保険に加入していない人は四六〇〇万人以上に達している。

特筆すべきは、「無保険者＝失業者」という単純な図式ではないということだ。

アメリカの中小企業は、保険料が高いために、被雇用者に健康保険を提供していないところも多い。そのために、中小企業のフルタイム被雇用者の多くは、民間医療保険に全額自己負担で加入する必要が出てくる。アメリカの無保険者の八〇％は、少なくとも家族の

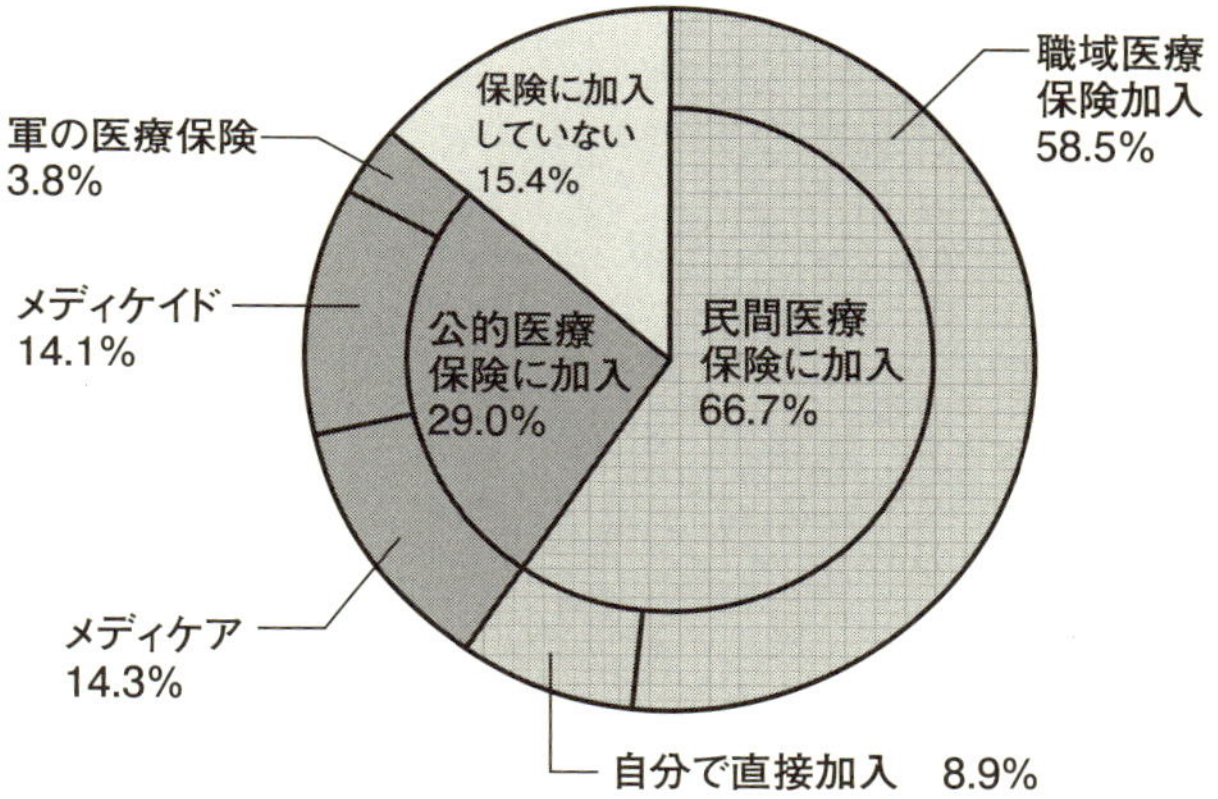

注.統計の取り方の関係で、合計が合わない場合がある

アメリカ人の医療保険加入状況（2008年）
（http://www.census.gov/prod/2009pubs/p60-236.pdf より作成）

一人がフルタイムで働いているものの、家族の収入と比較して高い保険料を支払えないという人々だ。

無保険者は急病になったり、大けがをしたりした場合、悲惨な状況に陥る。彼らは通常、医療費のあまりかからない「ボランティア医療センター」などで受診するか、症状が悪化してから、無保険者でも受診を断ることができない「救急病院」へ駆け込むことになる。

テレビ報道などでもときどき、アメリカの救急病院の様子が紹介されるが、いつもたくさんのこうした患者で混雑している。

リベラル派と保守派の考え方の違い

ではアメリカ人は、こうした医療保険制度についてどのように考えているのだろうか。民主党支持者が多いリベラル派の見解は、以下のようなものである。

健康になるか病気になるか、またその病気が治癒するかどうかは、偶然の要素が大きい。こうした分野では「幸運な人」すなわち健康な人に税をかけ、「不幸な人」すなわち病人には補助を与えるべきだ。政府は医療分野に積極的に介入し、規制を設け、国民に平等に健康を保証する義務がある。さらに彼らは、高レベルの医療費は、アメリカのような裕福な国では悪いことではなく、コスト削減よりも平等の維持こそが最重要目的だとも主張している。

一方、共和党支持者が多い保守派の見解は、次のようなものである。

喫煙や飲酒、食事の内容など、日々の生活態度が人間の健康に大きな影響を与える。努力して健康を維持している人に、医療費目的の税をかけるのは誤りだ。「福祉の充実」は、生活態度を改めないために病気になった人々を甘やかすことになり、ますます彼らの福祉への依存を助長することになる。

また保守派は、医師の能力に対する金銭的対価が、世界最高の医療水準を保つ原動力だとも考えている。したがって、医療費を抑制するために政府が公定診療報酬を定める、といった規制には反対であり、市場原理の導入が必要だと主張する。共和党支持者には高所得者が多いが、低所得者でもイデオロギー面で共和党の考え方に同調する人は多い。

このように、両者の考え方は大きく食い違っているが、ともに国民医療費の抑制という面を重視しない点では、やや共通する要素もある。

阻まれてきた公的な国民皆健康保険

実はアメリカでも、公的な国民皆健康保険制度に関する議論は、以前から行われており、既に一九三〇年代にはこうした論議が始まっている。一方、最初に国民皆健康保険を導入した資本主義国はニュージーランドであり、一九四一年のことである。またイギリスでは一九四八年のことである。それを考えると、アメリカでもかなり早い時期から議論がされてきたと言える。

しかしその実現は、その都度多くの抵抗にあってきた。

フランクリン・D・ルーズヴェルトは、社会保障計画の一環として、「国民皆健康保険」制度の設立を検討していた。しかしアメリカ医師会（AMA）は、連邦政府が医師と患者の関係に介入することに懸念を表明し、強硬な反対姿勢を示したのである。

それは、政府が治療方針を定めることになれば、医師が患者に最適な治療を施す自由が脅かされることになり、さらに、医療費抑制という名目で政府が低い公定価格を押しつけてくれば、それだけ医師の収入が少なくなるからである。

ルーズヴェルトは、この問題で、政治力の強いAMAと対立すると、社会保障計画全体がつぶされるかもしれないと懸念した。結局、彼は一九三五年一月一七日、国民皆健康保険の導入を断念すると発表したのである。

しかし彼の姿勢は、次の大統領トルーマンに引き継がれていくことになった。トルーマンの基本的な政治姿勢は、ルーズヴェルトの延長で、アメリカの経済成長の恩恵を大衆にも分け与えていくというものだった。一九四五年一一月、トルーマンはアメリカ史上初めて、医療分野に限定した「特別教書」を議会に送付した。

大統領は、憲法の規定によって法案を提出することができないため、教書を提出することで、自らの意向や方針を議会に伝え、議会の立法過程に影響を及ぼそうとする。定例として、毎年一月に出される国勢全般に関する「一般教書」と、翌年度予算案を開示する二月の「予算教書」があるが、その他にも必要に応じて議会に送る「特別教書」がある。

トルーマンはこの特別教書で、国民には平等に医療サービスを受ける権利があると主張し、国民皆健康保険を創設する計画を発表したのである。

この健康保険創設計画は、一九四八年の大統領選挙における争点の一つになった。

そしてその効果もあって、事前の大方の予想に反し、トルーマンが勝利したのである。

これに対し、選挙の結果に危機感を覚えたＡＭＡは、一九四九年から一九五〇年にかけて、空前絶後の四〇〇万ドル（二〇〇九年換算で約三六〇〇万ドル）を反国民皆健康保険のロビー活動に費やした。また、この健康保険創設計画に対しては、連邦政府の肥大化を嫌う共和党議員や、保守的な南部白人層の利害を代弁する南部民主党議員も、反対の声を上げた。さらに組織労働者もまた、この構想を支持しなかった。トルーマンの計画は、こうした利益集団からの強力な反対などにより、最終的に頓挫《とんざ》してしまったのだ。

トルーマンの計画が失敗した大きな理由の一つとしては、組織労働者が支持に回らなかったことが挙げられる。では、なぜ彼らは、国民皆健康保険に反対したのだろうか。

これには、職場健康保険の存在が大きかった。

戦時中の一九四二年一月、ルーズヴェルト政権は、インフレを避けるために戦前の実質賃金を維持するという方針を立てていた。これに対し労働組合側は、雇用主への賃上げ要求を抑えるかわりに、健康保険などを含む労働者の福利厚生の充実を要求した。このとき、被雇用者が支払った医療費や保険料だけでなく、雇用者が負担した保険料も税控除の対象となったため、多くの雇用者が職場健康保険を採用した。

これにより、被雇用者の多くが既に職場健康保険でカバーされるようになっていたのである。

メディケアとメディケイド

このようにアメリカでは、第二次世界大戦を契機に、職場ベースの民間医療保険制度が社会に浸透した。

しかし一方で、そのために、行政主導の国民皆健康保険制度の基盤を築くことができず、一九五〇年代には貧困層、季節労働者や中小企業の被雇用者のように労働組合に加入していない労働者、あるいは身体障害者や高齢者などが、医療保障の恩恵を受けられない者として取り残されてしまっていた。

そこで一九六五年、六五歳以上の高齢者と身体障害者、さらに当時その存在が社会問題化していた慢性の腎不全患者を対象に、「メディケア」と呼ばれる連邦政府のプログラムが始まったのである。

メディケアは、受給者の入院医療費や、医師などに対する診療報酬費、処方薬剤費などをカバーする公的な健康保険制度である。

費用は、税金と受給者の保険料によって賄われている。ただし、すべての費用を補填《ほてん》するわけではなく、通常はかかった費用のうち、五〇~八〇%程度だ。残りは、受給者自身が一部負担金として支払う必要がある。

発足当時の加入者数は一九一〇万人程度だったが、人口の高齢化などにともなって加入者数が増え続け、二〇〇一年には四〇〇〇万人を超えている。

さらにこのとき、貧困者を対象とした「メディケイド」というプログラムも開始された。メディケアと違い、メディケイドは州政府が運営するため、州によって「貧困者」の定義が異なることもある。ただし基本的には、連邦政府が制定している「貧困ガイドライン」を目安にすることが多い。二〇一〇年度を例にとれば、連邦政府は、四人家族で年収二万二〇五〇ドル以下を「貧困者」と定義づけている。メディケイドに要する費用は州政府が賄い、連邦政府は補助金を出している。

こうした公的健康保険制度によって、高齢者と貧困層はカバーされたが、それ以外の国民は、民間の保険会社によって提供される健康保険計画を利用する必要がある。

保険料を抑えられる「保健維持機構」(HMO)

一九七〇年代に入ると、アメリカ企業は、被雇用者への医療保険料の膨張も大きな要因となって、競争力が失われ始めた。

そのため、このころから注目されるようになり始めたのが「マネジドケア」である。

これは、患者の金銭的負担を最小限にしながら、必要な医療サービスを効率よく受けることができるように、保険会社が受診や治療過程を管理する医療だ。マネジドケアに基づいた医療サービスの提供方法には、いくつかの種類がある。

このうち、最も普及しているのが「保健維持機構」（ＨＭＯ）を設立する方法だ。ＨＭＯは、一九七〇年代にその設立促進をめざす法律が制定されて以来、急速に発展した。

ＨＭＯを利用するには、次のような手順が踏まれる。

たとえば、スミス氏という人が、保険会社のＡ社がつくるＨＭＯの会員だとしよう。Ａ社は、スミス氏の年齢や職種、これまでの病歴などの情報をもとに、彼の保険料を決定する。このときＡ社は、医師や病院と診療契約を結び、提携医師や病院に対して、会員数に応じた一定金額をあらかじめ前払いをする。そのため医師・病院側にとっては、無駄な医療を省き、コストを削減すれば、利益を大きくすることが可能になるため、そうした方向で医療行為が行われることになる。これは、医療費全体を抑える効果に結びつく。

さて、スミス氏が病気になるとどうするか。まず彼は、Ａ社指定の医師（プライマリケア医師）の診察を受けなければならない。そして、このプライマリケア医師の紹介を経て、はじめてＡ社の提携専門医や病院での受診が可能となるのだ。

もしもこのとき、スミス氏がA社の提携医師・病院以外で受診するとどうなるか。その場合には、原則としてA社の保険を利用することができなくなり、かかった医療費は全額自己負担となる。このようにHMOでは、スミス氏が支払う保険料は安く抑えられる反面、A社の定めたさまざまな制限や規定を遵守しなければならないことになる。

HMOの会員数は一九八〇年代以降、飛躍的に増加している。とくに一九九〇年代の増加は著しく、一九九〇年には三三〇〇万人だったものが、一九九九年には八一三〇万人にまで増えている。

しかしこの制度では、専門医や総合病院を受診できるようになるまでに、手間や時間がかかるというデメリットもあり、そのために患者が命を落とす事例もいくつも出ていたほどである。

こうしたこともあり、二〇〇〇年以降、会員数は漸減した。しかし、その後の改善や医療費抑制機能が再評価され、会員数は再び増え始めている。

医療機関の選択肢が多い「特約医療組織」(PPO)

昨今、このＨＭＯ以外のマネジドケアとして、「特約医療組織」（ＰＰＯ）の人気が高まっている。

ＰＰＯは、保険会社からの制約が大きいＨＭＯへの反発から生まれたもので、伝統的な「出来高払い制度」とＨＭＯの中間のような制度と言える。ＰＰＯでは通常、会員が医療機関に直接、医療費を支払い、後日、保険会社から（一部負担金を除いた）医療費分が償還される。

ＨＭＯでは基本的に、プライマリケア医師の紹介がなければ、専門医の診察を受けることはできないが、ＰＰＯではそのような制限はない。

ＰＰＯの会員は、保険会社が提携している医療機関を利用する際には、あらかじめ決まった割合の一部負担金を支払う。その金額は、ＨＭＯの会員の一部負担金よりも高額になることがふつうだ。またＰＰＯの会員は、保険会社が提携して**い**な**い**医療機関も、自由に利用することもできる。ただしこのときの一部負担金の金額は、保険会社が提携して**い**る医療機関を受診するときと比べると、さらに高額になる。

このようにＰＰＯの会員は、ＨＭＯの会員と比較して、医療機関の選択の幅が大きくなるが、保険料や受診毎に支払う一部負担金は高くなることが多い。

医療費の負担金額を重視する人はHMOを、利用できる医療機関や診療方針に関する自由選択の幅を重視する人はPPOを選ぶ傾向にある。

二〇〇八年の数字では、六六八〇万人がHMOの、五九七〇万人がPPOの会員だった。

この他に、「受診時選択プラン」（POS）という制度もある。

これは、HMOとPPOの折衷型のようなものだ。

保険会社が提携している医療機関を利用する際には、HMOと同様、まずプライマリケア医師を受診し、その紹介が必要となるが、一部負担金は低額ですむ場合がほとんどだ。

一方、保険会社が提携していない医療機関も自由に利用することができるが、この場合はPPOと同様、一部負担金もそれなりに高くなる。

クリントンの「健康保障計画」

クリントンは、無保険者の増加や医療費の高騰を解決するため、「国民皆健康保険制度の導入」を公約の一つとして、一九九二年の大統領選挙に臨み、当選した。そのため、彼はこの政策課題に対し、精力的に取り組んだ。

その大きな試みが、一九九三年九月に発表した、国民皆健康保険の導入をめざす「健康保障計画」である。

その内容を、ごく簡単に整理すれば、①従業員五〇〇〇人以上の大企業が、独自の健康保険組合をつくり、社員に健康保険を提供できるようにすること。②それ以外の国民は新たに各州に設置される「地域健康保険組合」を通じて健康保険に加入するようになること。③企業の大きさにかかわらず、雇用主は健康保険料の八〇%を負担しなければならなくなるが、中小企業の雇用主や低賃金労働者には、政府が保険料への補助金を提供すること。④連邦政府は「国家医療委員会」を設置し、この委員会が、医療費の支出限度や、健康保険の保険料引き上げの上限などについての規制を行うこと、などだった。

このように、クリントンの国民皆健康保険計画においては、医療費の削減とともに、この分野での公的規制の強化がめざすところとなっていた。

この計画は、民主党内の多様な意見の折衷を試みたものではあったが、それでも党内から批判が続出した。これに対してクリントンは、彼の党内政治力の弱さを反映して、自党の意見をまとめあげることができなかった。さらに、医療現場への政府の介入を嫌う共和党やアメリカ医師会、負担増大を嫌がる雇用主、政府の規制を好まない保険会社などがクリントン政権の国民皆健康保険計画に反対した。

こうして一年半以上かけた国民皆健康保険制度をめぐる闘いは、クリントン政権の敗北で終わったのである。

医療貯蓄口座（HSA）

これに対して、クリントン政権を引き継いだ共和党のブッシュ（ジュニア）政権は、健康保険政策において、政府が大幅に介入するような路線ではなく、国民の自助を促進するような路線を進めた。

その帰結が、「医療貯蓄口座」（HSA）という制度の創設だった。

アメリカでも全人口に占める六五歳以上人口の割合（高齢化率）は、二〇〇〇年に一二%となり、二〇三〇年には一九・六%になると推定されている。二〇一五年の段階で二六・〇%に達すると見込まれる日本と比べれば、アメリカの高齢化率は低いものの、医療費自体の高騰もあって、メディケアなどへの支出は増加の一途をたどっている。

このような状況に対処するため、一九九七年、共和党が推進した「財政均衡法」によって、メディケア受給者が、ＨＳＡを開設できるという制度が導入された。さらに二〇〇三年一二月には、「メディケア処方薬改善近代化法」が制定され、その対象が現役世代にも広がった。

ＨＳＡとは簡単に言えば、医療に利用するための「積立定期預金」のようなものだ。ＨＳＡは民間の保険会社が運営し、口座の保有者は、自分の口座に資金を預け入れるかたちを取る。保険会社は、より多くの顧客と資金を獲得するため、自らの利益との兼ね合いの中で、顧客に対してできるだけ高い利率を提示する。

そこまでは銀行預金と変わらないが、異なる点もある。顧客が医療費を支払うために引き出す際には、利息に課税されないのだ。

規定では、六四歳以下の納税者に対し、一定の条件の下でＨＳＡの開設が認められている。具体的には、個人加入の場合で毎年一〇〇〇ドル、家族加入の場合で二〇〇〇ドル以上という高い免責額（この額までは保険金が支払われず、口座開設者の自己負担となる金額）が設定されている民間健康保険に加入することが、その条件になっている。

こうした高い免責額の民間保険は、保険料が比較的安く、巨額の医療費がかかった際の費用負担の役割を担ってくれるものである。そしてＨＳＡの開設者は、民間保険でカバーされない免責額以下の医療費を、この口座から支払うことができるのである。

「世代間賦課方式」から「積み立て方式」へ

このＨＳＡの画期的な点は、「積み立て方式」を採用していることである。

従来、メディケアの最大の欠点は、毎年の高齢者への給付額に必要な金額を、その年に現役世代が支払った保険料などで賄う「世代間賦課方式」を採用している点だった。この世代間賦課方式では、高齢化率が高くなるにつれ、現役世代の負担が大きくなっていく。

その一方でＨＳＡは、医療費を抑制する上で、非常に効果的だと考えられている。各個人が免責額の高い民間保険に加入することになるため、自己責任で自らの医療費を管理することになり、コスト意識が高まるからである。

ただし、ＨＳＡが本格的に導入される今後、現在の世代間賦課方式から、積み立て方式への移行にともなって、さまざまな問題が顕在化してくる可能性がある。しかし、高齢化が進む中、このまま現行の世代間賦課方式を続けるよりも、積み立て方式に移行した方が、長期的には社会全体が恩恵を得るようになるという考え方もある。

オバマ政権の下で二〇一〇年三月に制定された医療保険制度改革法の実施が、HSAにどのような影響を与えるかに関しては、さまざまな意見がある。しかし一点注目できるとすれば、この法によって、医療費以外の目的で積立金を利用する際の「罰則税率」が高くなったことである。これによって、HSAが本来の目的である医療費の補塡に使われることが多くなり、アメリカ人が享受できる多種多様な保険の一つとして発展するだろうと予想される。

今後の展開

四六〇〇万人以上の人が無保険者で、彼らの多くが、世界最高の医療技術の恩恵を受けることができない状況は、アメリカにとって大きな問題となり続けている。オバマは医療保険改革を最重要課題の一つとして、就任以来取り組んできた。その努力が功を奏し、二

国	1960年	1970年	1980年	1990年	2000年	2003年	2006年
アメリカ	5.0	6.9	8.7	11.9	13.1	15.0	15.3
スイス	4.9	5.5	8.7	11.9	10.4	11.5	11.3
フランス	3.8	5.4	7.1	8.6	9.3	10.1	11.0
ドイツ	データなし	6.2	8.7	8.5	10.6	11.1	10.6
ポルトガル	データなし	2.5	5.3	5.9	8.8	9.7	10.2

ＧＤＰに対する国民医療費の割合（2006年時点での上位５か国　単位：%）
（Health, United States 2009〈http://www.cdc.gov/nchs/data/hus/hus09.pdf〉より作成）

〇一〇年三月、ついに医療保険制度改革法が成立した。

その主な内容は、次のとおりである。

二六歳までの者はかならず健康保険に加入しなければならず、保険会社は既往症を理由に保険加入を拒否できない。低所得者が医療保険に加入する際には、政府から補助金を受給することができる。二〇一四年一月一日以降、五〇人以上の従業員がいる企業の雇用者は、従業員に健康保険提供の義務が生じ、提供しない場合は、罰金を支払うことになる。

この法律が実施されると、現在無保険の国民のうち、三二〇〇万人程度が新たに医療保険に加入すると予想されている。つまり、国民の九五%が医療保険に加入することが可能となり、アメリカ史上初めて事実上の国民皆健康保険制度が導入されることになった、と言えるのだ。

まさに画期的な法律である。

しかし、共和党と保守派はこの改革に反対している。それもそのはず、この法律を実施するためには、膨大な歳出が必要になるからだ。アメリカ政府は、今後一〇年間で約九四〇〇億ドルもの予算が必要だとしている。しかし別の試算では、二兆五〇〇〇億ドルになる可能性が高いともいう。

連邦議会予算事務局の試算によると、今回の改革法によって、今後一〇年間で一四三〇億ドル、その次の一〇年間で一兆二〇〇〇億ドルの財政赤字削減ができると試算している。しかし、これは非常に楽観的な試算のように思える。また財政面だけではなく、政府の役割がますます大きくなっていくことを懸念する声もある。

政府の役割が大きくなると、税金と社会保険料が増え、財政赤字が増え、国家による管理体制が強化される。そのような「大きな政府」の下では、国民が国家に依存する「甘えの構造」が助長され、「独立独歩」「自己責任」の意識が薄くなる。今後、「大きな政府」にならないような医療保険改革が進められることを期待する意見も、アメリカでは依然として根強いのである。

第三章　「アメリカの戦争」を検証する

謀略に満ちたアメリカの戦争

一三植民地時代の一〇倍に拡大した領土

アメリカの領土は、日本の約二五倍の面積がある。

この広大な国土も、もとはといえば、北米大陸の東海岸にあったイギリスの一三の植民地から始まった。一三植民地の面積は、現在のアメリカ国土の約一〇分の一だが、日本の面積と比較すると二・五倍ほどはあった。アメリカは独立後、積極的に西部開拓を進め、領土を拡大した。

しかし、西部は先住民が住む土地であり、彼らとの協力や戦いなくして領土の拡大はあり得なかった。さらに南米大陸同様、北米大陸にもまた、既にヨーロッパ各国が植民地を築いていたので、これら諸外国との交渉や衝突も避けられなかった。

アメリカは、人工的な成立過程をもつ世界的にも稀有《けう》な国だが、そのアメリカ人の多くは、自由と民主主義の拡大こそが国是だと信じている。だからこそ、領土の拡大は自由と民主主義の拡大であり、よいことだと考えられてきた。

しかしその歴史を詳しくみてみると、アメリカの領土は、戦争や裏工作など数々の「謀略」によって拡張し、今日の姿となった疑いがある。

広大なルイジアナを購入する

一七八三年のパリ条約によって、一三植民地がイギリスから独立して「アメリカ合衆国」となり、その境界が確定した。そのときのアメリカの領土は、北はカナダ、南は当時スペイン領だったフロリダと国境を接し、東は大西洋岸まで、西はミシシッピー川までであった。

その二〇年後の一八〇三年、「世界最大の不動産取引」といわれた「ルイジアナ購入」によって、アメリカの領土はほぼ二倍になった。ちなみに、ルイジアナ購入の「ルイジアナ」は、現在のルイジアナ州だけを表すのではなく、ルイジアナ州からモンタナ州、カナダの一部までを含み、日本の面積の約六倍という広大な領域であった。

ここで、ルイジアナの歴史を少し振り返ってみよう。

一七世紀後半、この地を最初に探検したフランス人一行が、当時のフランス王ルイ一四世にちなんで「ルイジアナ」と命名し、それ以後、フランスが領有することになった。そして、「フレンチ・アンド・インディアン戦争」でフランスがイギリスに敗北すると、その領有権はスペインに移った。

しかしルイジアナの統治は、スペインの財政を圧迫し、さらにこの地に移住してくるアメリカ人との衝突の可能性も高くなったために、スペインは一八〇〇年、秘密裏にフランスにルイジアナを返却していたのである。

その一方でこの時期、アメリカの大統領トーマス・ジェファーソンは、メキシコ湾とミシシッピー川の接点に位置する交通の要衝だったニューオーリンズという小都市を、アメリカに譲ってほしいとフランスに申し込んでいた。

これに対しフランスからは、ニューオーリンズだけでなく、広大なルイジアナの土地すべてを購入してほしいという意外な回答が返ってきたのだ。
当時のフランスは、カリブ海のハイチにおける黒人奴隷反乱の鎮圧に失敗し、さらにヨーロッパにあっては、イギリス、ロシア、プロイセンなどとの間で、ヨーロッパの支配をめぐって「ナポレオン戦争」（一七九九～一八一五年）を繰り広げていた。そのため、喫緊に軍事費が必要で、安値でもルイジアナを処分できればありがたいと考えていたのである。

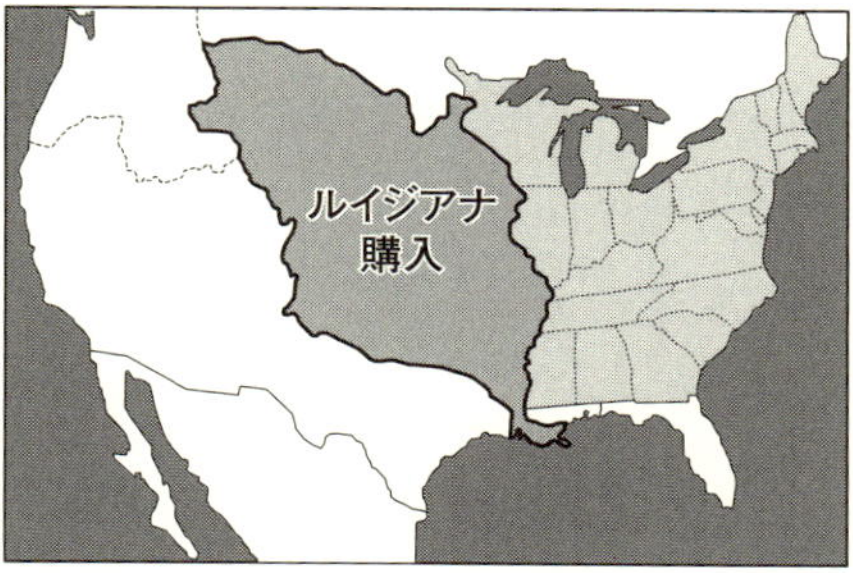

「ルイジアナ購入」で得た広大な領土
（http://www.geog.ucsb.edu/~jeff/115a/jack_slides/lousianapurchase18031819.jpg より作成）

西部への拡張を望んでいたアメリカと、ルイジアナを処分したいというフランスの思惑は、ここで一致した。一八〇三年、ジェファーソン政権は、この広大な領域をわずか一五〇〇万ドル（二〇〇九年換算で約二億九〇〇〇万ドル）という超破格値で購入し、アメリカの領土は二倍になったのだ。

ジェファーソンの葛藤《かっとう》

ここまでは謀略とは関係ない話である。

しかし、ジェファーソンが決断したルイジアナ購入は、憲法違反の疑いがあった。アメリカ憲法によれば、憲法に記載されていない権限は州または国民に属することになっており、憲法には大統領に外国領土購入権を与えるという条項はない。ジェファーソンもこのことに気づいており、彼は憲法を修正する必要があると考えていたほどだった。

ただし憲法前文には、憲法制定の目的が、「国の防衛」や「国民の福祉増進」であることが謳われており、第二条には大統領が外国と条約を締結する権限が記されている。このような条項を拡大解釈することで、彼はルイジアナ購入が可能だと判断したのである。

しかしこの判断にあたっては、ジェファーソン自身にとっても大きな葛藤があった。

彼はもともと、自営農民こそが民主主義の中核であり、西部へ領土拡大をすることで彼らの機会も広がると考えていた。その一方で、連邦政府がこのような壮大な事業を進めることは、州の権限を重視する「州権主義」を弱めることにもつながりかねない。ジェファーソンは、連邦政府の権限が拡大しすぎて、専制政治になってしまうことを恐れていた。

だが彼は最終的に、こうしたマイナス面と、領土拡大から得られるプラスの利益を天秤《てんびん》にかけ、利益の方が大きいと判断し、ルイジアナ購入を断行したのである。


テキサス共和国の併合をもくろんだアメリカ

ルイジアナ購入で領土を二倍に広げたアメリカが、次に目をつけたのはテキサスだった。

テキサスはもともとスペインの領土だったが、一八二一年にメキシコがスペインから独立すると、そのメキシコの領土となっていた。

しかしこの当時、テキサスに住む住民の圧倒的多数は、アメリカからの入植者だった。メキシコが当初、この地へのアメリカ人の移住を歓迎していたからである。人口の少なかった地に人が入り、しかも彼らが税金を払ってくれるというのがその理由だった。

このメキシコの政策は裏目に出た。テキサスでは、アメリカ人入植者が実権を握るようになり、彼らとメキシコ政府が、次第にアメリカ人の入植政策などをめぐって対立関係になったのだ。この対立はついに、一八三五年一〇月の「テキサス独立戦争」の勃発となって、火を噴いた。アメリカ人入植者はこの戦いに勝利を収め、テキサスは、一八三六年三月にメキシコから独立し、「テキサス共和国」となったのである。

ただしこの時点で、メキシコはテキサスの独立承認を拒否していた。

これに対し、メキシコ政府からの迫害を恐れたテキサス共和国は、一八三七年、アメリカに自国の併合を申し入れた。しかし当時のマーティン・ヴァン・ビューレン政権は、これを拒絶した。これはべつに、メキシコ政府に遠慮したからではない。テキサスは奴隷制度を擁していたため、連邦内にテキサスを編入すると、州憲法で奴隷制度を認める「奴隷州」が増えることとなり、このことが国内で新たな問題を起こしかねないと懸念したからである。

その一方で、一九世紀前半のアメリカでは、西部への拡大が時代の要請でもあった。たとえば奴隷制度をめぐる国内問題も、それによって解決できるという楽観的な考え方も広まっていた。

当時、奴隷州、自由州の双方とも、奴隷問題がアメリカで最大の懸案事項だと理解しており、その解決に真正面から取り組めば、連邦が分裂しかねないと感じていた。そこで双方とも、西部への領土拡大は、奴隷問題の本質的解決にはならないものの、当面、この問題の解決を先延ばしにする理由にでき、あわよくばそこから何らかの解決策が見つかるかもしれないと考えていたのである。

挑発によってメキシコと戦争を開始する

こうした状況下で国政を担うことになったのが、民主党出身の大統領ジェームズ・ポークだった。領土拡大に慎重なヴァン・ビューレンとは異なり、ポークは一八四四年の大統領選挙において、テキサス、オレゴン、カリフォルニアといった西部への拡大を公約にしていた。ポークが当選すると、翌一八四五年二月に、連邦議会はテキサス併合決議案を採択し、テキサスも同意した。ついに一八四五年一二月、テキサスは奴隷州としてアメリカに併合されたのである。

これに対し、テキサスの独立すら承認していなかったメキシコは、当然ながらこの併合を認めなかった。それによって、アメリカとメキシコの間の緊張は一挙に高まったが、このとき、ポークは武力に訴えてでも、アメリカの領土拡大を実現させようと考えていた。

ところで、民主主義国家アメリカが戦争をするためには、大統領の意思だけでは不十分である。憲法によれば、宣戦布告をする権限をもっているのは連邦議会であり、ポークは、メキシコとの開戦の正当性を連邦議員に納得させなければならない。さらに戦争にあたっては、世論の支持も不可欠だ。そのためポークには、メキシコと一戦交えるための口実が必要だった。そこで彼は、一計を案じたのである。

当時、テキサスとメキシコとの境界線に関して、両者の主張には違いがあった。メキシコはヌエセス川を境界とし、テキサスはリオ・グランデ川だと主張していたのだ。この二つの川にはさまれた地域は、双方が領有を主張する係争地であり、ここにアメリカ軍が進攻すれば、メキシコを挑発するのは明白だった。

そこでポークは、一八四六年三月四日、アメリカ軍をコーパス・クリスティと呼ばれる係争地に進軍させたのである。これを受けたメキシコ軍は四月二四日、「自衛のため」としてアメリカ軍に攻撃をかけ、アメリカ側に犠牲者が出た。そこで連邦議会は、メキシコに宣戦布告し、米墨戦争が開始された。結果はアメリカの圧勝であった。

一八四八年二月二日、メキシコは現在のワイオミング州からカリフォルニア州にいたる、広大な地域を一五〇〇万ドル（二〇〇九年換算で約四億二〇〇〇万ドル）でアメリカに譲渡し、リオ・グランデ川をアメリカとの国境とする和平条約を締結した。

アメリカは、挑発によって戦争を引き起こし、新たな領土を獲得したのである。

強引なハワイ併合

アメリカの領土拡大の動きは、その後も続いた。

一八六七年にはロシアから、日本の約四倍の面積にあたるアラスカを、七二〇万ドル（二〇〇九年換算で約一億ドル）で購入した。

さらに一八九八年には、ハワイを併合している。

もともとハワイは独立した王国だった。しかし、アメリカ人入植者が増え、彼らが従事するサトウキビやパイナップルが重要な産業になるにつれて、アメリカの影響力は次第に高まっていった。そして一八九三年一月、アメリカ人入植者が、アメリカ公使ジョン・L・スティーヴンスとの連携の下、アメリカ海兵隊まで出動させて王政を廃止し、入植者を中心とする暫定政府を発足させたのだ。これが「ハワイ革命」である。

アメリカ政府の公式見解は、この革命には関与していないというものだ。スティーヴンス公使が、独自の判断で現地情勢に対応した可能性がある。さらに革命後、公使は、アメリカ政府からの指示を得ることなく暫定政府を承認した。これは明らかな越権行為である。王政転覆後、ハワイのリリウオカラニ元女王はアメリカのベンジャミン・ハリソン政権に抗議し、王政復古を要求した。しかし、アメリカ政府は女王の復帰を支援しなかった。ハワイは、経済的にも戦略的にも重要な地域だったため、アメリカ政府は親米的な暫定政府を支持していたからだ。

ハワイ暫定政府は、ハリソン政権に併合を打診し、一八九三年二月に併合条約が締結された。憲法の規定に従い、大統領は上院にこの条約を提出し、その承認を求めた。

ハリソンは、上院での承認を楽観視していたが、ハワイ革命に疑問をもっていた民主党議員の間で併合反対論が盛んになり、議論は次期のグロバー・クリーヴランド政権に持ち越された。クリーヴランドは、一八九三年三月四日の大統領就任後、調査委員会を設けて調査を開始し、その結果、ハワイ革命は不当だったと結論づけた。そのため、クリーヴランド政権下ではハワイ併合は実施されなかったのである。

一八九六年の大統領選挙において、ウィリアム・マッキンレーを擁した共和党は、ハワイ併合を公約の一つに掲げた。マッキンレーが当選すると、一八九八年、公約を果たし、ハワイを併合した。

キューバをめぐりスペインと開戦

一九世紀後半のアメリカでは、都市と工業が発達し、人々の生活水準も向上していった。しかし一方では、発展途上の通貨制度や金融政策の混乱などによって、度重なる恐慌にも見舞われていた。

これに対し当時の大統領マッキンレーは、経済不況を脱出するためにも、海外市場の拡大が不可欠だと考えていた。彼は、中南米諸国の市場拡大や、広大なアジア市場への進出をもくろんでいた。そのときに勃発したのが、スペインとの間で起きた米西戦争である。

この戦争のきっかけともなったのは、一八九五年に勃発したキューバの独立闘争である。これは、スペインの圧政に苦しむキューバの大衆が、自由をめざして立ち上がった運動だ。これに対してスペインは、独立闘争に関係した多くのキューバ人を有刺鉄線で囲まれた強制収容所に送り込んだ。収容所は劣悪な衛生状態で、伝染病が蔓延し、多数の死者が出ていた。

当時アメリカは、キューバに五〇〇〇万ドル（二〇〇九年換算で約一三・三億ドル）の投資をしており、キューバとの年間貿易額は一億ドル（同約二六・六億ドル）に達していた。また、フロリダとキューバはわずか一四五キロほどしか離れておらず、キューバはアメリカにとって戦略的にも重要な位置を占めていた。

そのためマッキンレーは、人道的、経済的、そして戦略的な見地からキューバへの介入の機会をうかがっていた。しかしこれだけの理由では、スペインとの戦争に踏み切るには不十分である。何か、アメリカ人の反スペイン感情を一気に爆発させる事態が必要だった。ちょうどそのときに「メイン号事件」が起きたのである。

戦艦の爆発から始まった米西戦争

一八九八年二月一五日、アメリカ人の保護を目的にキューバのハバナ港に停泊していたアメリカ戦艦メイン号が爆発し、二六〇人が死亡するという事件が発生した。

アメリカ政府が調査をしたものの、爆発の原因は不明であった。ところがこのとき、一部の新聞やタカ派議員は、ほとんど根拠もなしに、スペインが仕掛けた機雷によってメイン号が爆破されたと決めつけたのである。この単純な見解は、アメリカ社会に広く流布され、それによって世論が昂揚《こうよう》していった。

そうした状況の中、マッキンレーはスペインに対して、キューバ反政府勢力との停戦、和平交渉、強制収容所の閉鎖を要求するという強硬な態度に出たのだ。これに対し、スペインは、停戦と収容所の閉鎖に合意し、キューバに限定的な自治権を与えることを約束したものの、反政府勢力との和平交渉を開始することについては拒否した。

これを受けたアメリカの連邦議会は、キューバにスペインから独立する権利を認める決議を採択するとともに、スペインに対してキューバからの軍隊撤退を要求し、それを確実にするために、マッキンレーに武力行使の権限を与えたのである。

これに対しスペインは、アメリカの撤退要求を受け入れず、四月二四日、アメリカに宣戦布告をした。翌二五日には、アメリカ連邦議会もスペインに宣戦布告をし、米西戦争の火蓋が切って落とされたのである。

当時、アメリカ海軍の戦艦の方が、スペイン海軍よりも一世代分新型で性能がよく、総合的に見てもアメリカの海軍力はスペインに勝っていた。そのため、海戦で勝負の行方が左右された米西戦争では、アメリカが圧勝する結果となった。

開戦から七か月後の一二月一〇日、講和条約に調印がなされた。これによってスペインは、植民地であったプエルトリコ、グアム、フィリピンをアメリカに割譲した。

こうして一七七六年に一三の植民地が独立宣言を発して以来、わずか一二〇年あまりで、アメリカの面積は約一〇倍になったのである。

講和条約後、スペインはキューバの領有権を放棄し、キューバはしばらくの間、アメリカの軍政下に置かれることになった。一九〇二年には独立国となったものの、キューバの政情が不安定だったために、アメリカがキューバの内政に干渉できる権限をもち、事実上の保護国とする状態が続くことになった。

イラク戦争に関連して一時話題にのぼることも多かったグァンタナモ米軍基地も、この時期、キューバからアメリカに軍事基地として「永久租借権」が付与されたものである。

メイン号事件の真相は謎

一九一一年、アメリカ政府は、沈んでいたメイン号を海底から引きあげ、爆発原因の調査を行っている。その結果、機雷によって外部から爆破されたという結論が出された。ところが、この事件を再検討していた海軍関係者は、一九七六年に、燃料用石炭の自然発火でメイン号が爆発したという説を公表したのだ。これに対しては、自然発火は起こりえないという反論も出されている。最終的にアメリカ海軍は、メイン号の爆発事件の原因は「不明」だと結論づけている。なんとも不可解な状況である。

可能性としては、マッキンレー政権が故意にメイン号を爆破し、その責任をスペインに押しつけるという謀略があったのかもしれない。あるいは、スペイン海軍がメイン号を撃沈したのかもしれない。メイン号船内で火事が起こったのかもしれない。いずれにせよ、決定的な証拠はなく、一九一一年の再調査の後、メイン号は再度沈められてしまったので、この事件の真相は現在も謎のままである。

この謎解きは興味深いものだが、政治的により重要なことは、マッキンレーが客観的に真相を究明しようとしなかったことである。スペインとの戦争を望んでいたマッキンレーは、連邦議会が宣戦布告を出せる口実を探していた。そして、ちょうどそのときにタイミングよく、メイン号事件が起こったのである。渡りに船とばかり、マッキンレーは、スペインを非難するタカ派の主張を煽《あお》り、世論を誘導し、アメリカを参戦に導いたのである。

日本軍の真珠湾攻撃とルーズヴェルト

フランクリン・D.ルーズヴェルトが、一九四一年一二月の日本軍による真珠湾攻撃を、事前に知りながら黙認したという陰謀説は、今なお根強く残っている。

一九世紀以来、アメリカには、ヨーロッパ情勢には関与しない「孤立主義」と呼ばれる外交上の伝統があった。とくに第一次世界大戦後、アメリカは軍需産業の陰謀でヨーロッパの戦争に引きずり込まれてしまった、という説が広まると、その孤立主義の傾向はいっそう強くなっていった。

このため、一九三九年九月にドイツがポーランドに侵攻し、第二次世界大戦が勃発した後も、アメリカの世論は介入に反対だった。

ドイツは破竹の勢いで戦勝を重ね、一九四〇年六月にはパリも占領。さらに一九四一年六月には、ソ連に突如侵攻した。ソ連が陥落すれば、ヨーロッパ全域がドイツとイタリアというファシズム勢力の手中に落ちる恐れがあったのである。

他方、アジア方面に目を向けると、一九三七年に日中全面戦争が始まり、一九四〇年九月以降、日本軍はフランス領インドシナ北部へ進駐していた。

このようなヨーロッパとアジアの情勢を鑑みて、ヨーロッパではドイツを中心とした排他的グループが形成され、アジアでは日本を中心とした「大東亜共栄圏」が樹立される可能性があった。

これに対し、アメリカの指導者たちは、アメリカがヨーロッパとアジアから排除されることを懸念した。そして、こうした国際情勢を変え、人、物、カネが世界中を自由に移動できるような開放的な世界をつくり上げたいと考えていた。彼らは、そのためには第二次世界大戦への参戦も辞さない決意だった。

ルーズヴェルト政権は、アメリカの国力にイギリスやソ連などの力が加われば、ヨーロッパ戦線でドイツ・イタリアと、アジア戦線で日本と、同時に戦っても打ち負かすことができると確信していた。ルーズヴェルトは、アメリカがまだ参戦していない一九四一年八月の時点で既に、イギリスのウィンストン・チャーチル首相と一緒に、戦後の平和な世界を形成するための構想である「大西洋憲章」をまとめていたほどだ。

解読されていた機密通信

ここで、日米の開戦前夜の状況に戻ろう。

一九四〇年秋の段階で、アメリカは日本の外交暗号「紫」を解読する「マジック」と呼ばれる暗号解読装置を開発しており、国務省は日本の機密通信の解読に成功していた。

これによってアメリカは、一九四一年一一月末までの間に、英米との戦争が差し迫っていると日本がドイツに伝えたことや、日米開戦の暁にはすぐにアメリカに宣戦布告するというドイツ外相の返答があったことを把握していた。

こうした機密通信の解読によって、アメリカ軍は、この時期に高度の警戒態勢をしいていた。たとえば一一月二七日には、アメリカ海軍の太平洋艦隊総司令官が、軍上層部から、二〜三日のうちに日本軍が攻撃を仕掛ける可能性が高いとの警告を受け取っている。

このような状況の中で一二月一日、日本では、御前会議において英米オランダとの開戦が決定され、同七日（ハワイ現地時間）、真珠湾攻撃が行われた。

これは、アメリカ国内で世論の強い介入反対論に悩まされていたルーズヴェルトにとって、サプライズ（驚き）と言うよりはリリーフ（安堵）と言える瞬間だったかもしれない。

真珠湾攻撃は、アメリカの孤立主義に大きな転換をもたらした。アメリカにとって、文化的・経済的なつながりという点で、ヨーロッパが最も重要な地域であり、ドイツこそが最大の敵だった。そこから見ると、アメリカは、ドイツという真の敵を倒すために、日本という「裏口」から戦争に参加したという見方もできるかもしれない。

アメリカは、介入反対論が勢いづいていたときは、ほとんど戦争の準備をすることができなかったため、序盤戦では日本軍が破竹の勢いを示していた。だが日本軍による真珠湾攻撃以降、アメリカは一気に戦時体制に入り、圧倒的な国力で日本を敗北に追い込んだ。

「真珠湾の陰謀」はあったのか？

ここで、最初の疑問点に戻りたい。ルーズヴェルトは、一二月七日に日本軍が真珠湾攻撃をすることを事前に知っていたのだろうか。

アメリカ政府が、「マジック」によって解読された暗号通信などから、日本軍がハワイを攻撃する可能性について認識していたのは、確かなことだ。たとえば一九四一年一月の時点で、ジョセフ・グルー駐日アメリカ大使は早くも、日米開戦時には真珠湾が攻撃される可能性が高いことを国務省に打電している。

だが、このような情報はアメリカ政府に入ってくる膨大な情報の一つに過ぎなかったことも、また確かであり、他にもさまざまな情報がもたらされていた。当時、アメリカ政府内では、日本軍は真珠湾ではなく、シンガポール、マニラ、タイのクラ地峡、インドネシアといった東南アジアを攻撃してくる方が、より現実的な可能性として考えられていた。

その意味では、アメリカを第二次世界大戦に参戦させるため、ルーズヴェルトが、日本の真珠湾攻撃を事前に知りながら、故意に日本軍の攻撃を許したという陰謀説は、おそらく誤りだと言えよう。少なくとも現在、それを立証できるだけの証拠はない。

しかし、一九四一年八月一日の「対日石油輸出禁止」のような厳しい経済制裁によって、アメリカは日本の戦争遂行能力を削《そ》ぎながら、日本から攻撃を仕掛けてくるように仕向けていったとは言えるだろう。ルーズヴェルトの政策は、まさに合理主義者のきわどい戦略だったと言えるのである。

ヴェトナムに直接介入する

ヴェトナム戦争は、アメリカの悪夢とも言える戦争だが、アメリカがヴェトナムに本格介入を始めるきっかけになったのが「トンキン湾事件」と呼ばれるできごとである。

ここで、トンキン湾事件までの、アメリカとヴェトナムの関係を簡単に振り返りたい。アメリカは第二次世界大戦後、宗主国だったフランスを支援し、一九五四年のジュネーヴ協定によってフランスが撤退した後は、南ヴェトナム政府に加担していた。

さらに一九六三年一一月に、ケネディの暗殺によって副大統領から大統領に就任したリンドン・B・ジョンソンは、アメリカの強さと強固な意志をもってすれば、ヴェトナムから共産主義勢力を排除できると考えていた。

当時、南ヴェトナムの国内情勢は、クーデターや政権内部の権力闘争などによって極めて不安定だった。そのためジョンソンは、単に南ヴェトナムを支援するだけでなく、直接、アメリカ軍を戦闘に参加させることで北ヴェトナムを鎮定し、インドシナ半島に安定をもたらそうと考えていた。このような構想に基づいて、アメリカは、ヴェトナム戦争への介入の度合いを、次第に深めていくことになった。

こうした状況の中で、「トンキン湾事件」が発生した。一九六四年八月二日、アメリカの駆逐艦マドックス号が、南シナ海北西部に位置するトンキン湾の公海上で、通常の巡回中に北ヴェトナム軍から攻撃を受けたと、アメリカ政府が発表したのである。さらに二日後の八月四日には、北ヴェトナム軍が、マドックス号と援護駆逐艦ターナー・ジョイ号に対し、公海上で魚雷攻撃を仕掛けた。

これに対してジョンソンは八月四日夜、詳細な事実確認をすることなく、全国放映のテレビで北ヴェトナム軍がアメリカ軍に先制攻撃をしたと公表した。

この報道によって、アメリカ世論の北ヴェトナム批判が高まった。八月七日には上下両院が、東南アジアにおいて大統領に戦争権限を委任する「東南アジアにおける行動に関する議会決議」、いわゆる「トンキン湾決議」を可決している。

トンキン湾決議を根拠に北爆を行ったアメリカは、ついに直接介入を始めることになり、ヴェトナム戦争の泥沼にはまっていったのである。

トンキン湾事件の裏工作

では本当に、トンキン湾事件はアメリカ政府の発表どおりに起こったのだろうか。

まずマドックス号は本当に「通常の巡回」をしていたのだろうか。アメリカ国防総省が作成した、ヴェトナム戦争に関する極秘報告書によると、マドックス号は、南ヴェトナム海軍とラオス空軍による北ヴェトナム攻撃と連動して、機密情報の収集活動を行っていたという。通常の巡回ではなかったのである。この報告書は一九七一年六月、『ニューヨーク・タイムズ』にすっぱ抜かれて、国民が知るところとなった。

また、攻撃そのものが本当に起きていたのかを疑わせる情報もある。一九九五年、当時の北ヴェトナム軍司令官が、マドックス号に対し、八月二日に攻撃を仕掛けたのは確かだが、四日には攻撃をしていなかったと述べた。また、当時の国防長官だったロバート・マクナマラも後年、八月四日の攻撃はなかったと述べている。

こうした情報から考えると、八月二日には、北ヴェトナムからの攻撃が実際にあったようだ。しかし前述の極秘報告書から判断すると、それは北ヴェトナムの自衛権の行使と言っても差し支えないものであろう。そして、八月四日の攻撃に関して言えば、アメリカ軍によるでっち上げという可能性が濃厚なのである。

さらに、ジョンソンが事件発生後に取った行動も、ある意味では不可解である。北ヴェトナムと全面戦争になる危険性を顧みず、なぜ彼は、厳密な検証をせずに北ヴェトナムから先制攻撃を受けたと公表したのだろうか。

当時の状況から見て、ジョンソンがこのでっち上げ計画に関わっていたとは考えにくい。少なくとも、それを立証できるような確固たる証拠はない。ただし、大統領のところにもたらされる多種多様な情報のうち、自分の思い描くシナリオに都合のよい情報を重視したことは否定できない。

アメリカは民主主義国である以上、北爆開始のためには、連邦議会の承認や国内世論の支持が必要である。ある意味でジョンソンは、そのための口実、つまり北ヴェトナムからの先制攻撃を望んでいたとも言えるだろう。その状況下で彼は、タイミングよく「駆逐艦が北ヴェトナムから攻撃を受けた」という報告を受けたのだ。そしてジョンソンは、トンキン湾事件を、アメリカが北爆を行うための口実に利用したのである。

「大統領の陰謀」の背景

アメリカが独裁国家であれば、大統領は領土を拡大したり、参戦したりする際に、世論や議会の動きを気にする必要はない。

しかしアメリカでは、民主主義国家であるがゆえに、政策決定者も世論対策や議会工作をしなければならない。さらに、国際世論を味方につけることも重要である。大統領は、さまざまな案件に対処する必要に迫られ、大義のために理想を横におかなければならない場合もある。また政権中枢部は、たとえ意図的でないにしても、自分たちに都合のよい世論を喚起できるような情報を重視する傾向が強い。

政策決定者を取り巻く状況は、往々にして彼らが自分たちの意図や先入観に基づく情報の取捨選択を促すことになる。そのため、こうした過程を経て立案・実施された政策は、「陰謀」と考えられることも多々あるのである。

ジョンソンは、北ヴェトナム軍からの攻撃に関するアメリカ軍部のでっち上げを信じ、北爆の口実として大いに利用した。米墨戦争と米西戦争では、大統領が政権に都合のよい世論を喚起させた。真珠湾攻撃では、ルーズヴェルトは、国内の反戦意見を抑えて参戦できるように、日本が先制攻撃をするように仕向けた。

歴史を振り返って、アメリカの政策決定者は意図的に陰謀を企ててきたのか、という疑問に対する答えは単純ではない。それは一面では、アメリカが民主主義国家であるがゆえに、政治リーダーが直面し、苦悩する姿を表しているとも言える。だが、明らかな陰謀も確かにあり、陰謀に近いものはさらに多く存在する。

二〇〇一年にアメリカで起きた同時多発テロ事件でも、陰謀説が飛びかったが、その真偽は別として、こうした陰謀説が出てくる背景には、これまでアメリカ政府や大統領が行ってきたこのような歴史があったのである。

原爆は京都に落ちるはずだった？

アインシュタインの公式

$E=mc^2$（エネルギー＝物体の質量×光速の二乗）

言うまでもなく、アルバート・アインシュタインが一九〇五年に発表した有名な公式だ。もし何らかの手段を用いて物質をエネルギーに転換できれば、膨大なエネルギーを手に入れることができる。そして、この公式を現実化したのが原爆だった。

たとえば、広島に落とされた原爆によって、一九四五年一二月までに約一四万人もの人が亡くなったが、この膨大な被害を起こすのに使われたエネルギーは、質量に換算すればわずか一グラム、一円玉一枚の重さに過ぎないと言われている。

ところでこの原爆が、もしかすると京都に投下されていた可能性もあった、というと意外な思いをする人もいるかもしれない。しかし実は、京都が原爆投下の最有力候補だったのである。どういうことだろうか。

科学者たちの進言

一九三八年一二月、ドイツ人化学者オットー・ハーンらのグループが、ウランのような重い原子では、原子の中心部にある「原子核」が、ある条件の下では分裂をするということを発見した。この発見によって、ウランやプルトニウムなどの重い原子の原子核を分裂させれば、巨大なエネルギーを発生させることができ、そのエネルギーを軍事転用すれば、原爆のような巨大な破壊力をもった兵器を製造できるということがわかったのである。

亡命先のアメリカでこのニュースを耳にした、ユダヤ系物理学者のレオ・シラードとユージン・ウィグナーは、ナチス・ドイツが原爆を製造するかもしれないと懸念した。そして、ドイツよりも先に原爆を開発するよう、アメリカ政府に進言すべきだと考えた。

そこで彼らは、当時、アメリカに亡命していたノーベル物理学賞受賞者のアインシュタインに働きかけたのである。これを受けたアインシュタインは、シラードが起草した一九三九年八月二日付のフランクリン・D・ルーズヴェルトあての手紙に署名し、その手紙は同年一〇月に大統領に届けられることになった。

原爆を開発した「マンハッタン計画」

こうした声を受けたルーズヴェルトは、科学者を中心とした諮問委員会を発足させ、この件に関する調査・研究を進めることを決定した。

同時にアメリカ政府は、アインシュタインを研究に関わらせるかどうかについての調査も開始した。一九四〇年七月、アメリカ陸軍諜報局は、アインシュタインを、平和主義者で左翼的偏向のある政治活動家だとする最終的な報告書を提出した。これによって、原爆開発計画に彼を関与させることはなくなり、政府の指揮下にある科学者もアインシュタインに助言を求めることを禁じられたのである。

その後、一九四二年六月、多くの有能な学者が集められ、極秘裏に世界初の原爆開発計画が始まった。初期の研究がニューヨーク市のマンハッタンで行われたため、この計画は

「マンハッタン計画」という暗号名で呼ばれることになった。物理学者のロバート・オッペンハイマーが、科学部門の責任者として開発に携わった。

原爆開発は着々と進み、一九四五年には実用段階に入りつつあった。その矢先の一九四五年四月一二日、ルーズヴェルトが急死したため、憲法の規定に従い、副大統領のハリー・S・トルーマンが大統領に昇格することになった。

ここでトルーマンに関して、少し触れてみたい。

トルーマンは一八八四年にミズーリー州で生まれ、一九三四年に同州選出連邦上院議員となり、一〇年間の上院議員を経て、一九四四年にルーズヴェルト政権の副大統領に選ばれた人物である。副大統領になったのも、彼の政治的手腕というよりは、彼が長年波風をたてず、民主党に誠実に貢献してきた人物であり、さらには党内にトルーマンを嫌う人が少なかったという側面が買われただけである。

そのため、彼のルーズヴェルト政権内での影響力は小さかった。副大統領就任後も、ルーズヴェルトは、彼にマンハッタン計画のような極秘事項は伝えなかったほどである。ルーズヴェルト死後の四月二五日、大統領となったトルーマンは、そこで初めてマンハッタン計画の存在を知ることとなったのだ。

トルーマンは、大統領への就任早々、原爆を日本に投下するか否かという、重要な決定を下さなければならなくなった。

これに対し、オッペンハイマーなど四人の科学者からなる「科学委員会」は、一九四五年六月一六日、その総意として、アメリカ人兵士の犠牲を少なくするため、原爆を投下しなければならないと勧告した。

ただしその時点で、原爆の使用に関して、科学者の間に意見の一致があったわけではない。シカゴ大学の七人の科学者は、将来的な核の国際管理体制についても念頭に置きながら、原爆を日本に投下するのではなく、居住者のいない場所に投下し、その威力を世界中に示すべきだと主張している。

七月一六日、ニューメキシコ州で世界初の原爆実験が行われた。アメリカが人類初の原爆を手に入れた瞬間だった。

ドイツ降伏以前、マンハッタン計画に携わっていた科学者の多くは、ドイツが原爆を開発し、それによってアメリカが攻撃される可能性があると考えていた。その際には、同じ原爆を使って反撃をしなければならないと考え、防衛兵器の一環として原爆開発を行ってきたのである。

しかし、一九四五年五月にドイツが降伏し、その時点で、アメリカが原爆攻撃にさらされる危険性はなくなっていた。そのため、原爆実験の翌一七日、科学者七〇名が連名で、日本に対して原爆を使用する前に、戦後の日本の処遇を公にし、日本が降伏できる機会を提供すべきだという嘆願書を、トルーマンに提出している。ただしこの嘆願書においても、もし日本が降伏しなければ、原爆投下もやむを得ないとは書かれていた。

政府高官の中にも、原爆使用に反対する人物がいた。たとえば、海軍次官のラルフ・バードは一九四五年六月、日本は降伏の機会を探しており、原爆投下の前に警告を与えて、二、三日間の猶予を与えるべきだと進言した。その間に、日本側と交渉し、無条件降伏後の天皇の処遇に関する何らかの保証を与えることで、原爆の使用を回避できるとしたのである。この内容は、覚書としてまとめられ、ヘンリー・スティムソン陸軍長官に提出されている。

だがトルーマンは、このような反対にもかかわらず、日本への原爆投下を決断した。

なぜアメリカは原爆を投下したのか?

当時、日本の敗北は濃厚だった。にもかかわらず、なぜトルーマンは原爆投下の決定を下したのだろうか。アメリカには、日本を早期に降伏させるために、原爆投下以外の手段がなかったのだろうか。また原爆投下は、戦争遂行上の手段として正当化できるのだろうか。

こうした疑問に対しては、さまざまな学説が存在し、現在でも論争が続いている。

アメリカ政府の公式見解では、原爆の投下が戦争の終結を早め、計画されていた「日本本土上陸作戦」の前に、日本が降伏せざるを得なくなる。結果として、日米双方の犠牲者を少なくすることができたと主張している。

そうであろうか。

終戦直後、トルーマンは、ある調査団を日本に派遣した。アメリカ軍による戦略爆撃の効果を検証するための調査団である。そして、一九四六年七月に調査団が大統領に提出した報告書では、たとえ原爆投下やソ連の参戦、本土への上陸作戦が実行されなくとも、一九四五年末までには確実に、そして恐らく一〇月末までに、日本は降伏していたであろうと結論づけられていた。

この報告書から、原爆を投下する必要性はなかったということは可能かもしれない。確かに、一九四四年六～七月のサイパン島戦での敗北後、日本本土がB29爆撃機の攻撃圏内に入り、日本が戦争を継続することすら難しい状態になっていた。

しかし、一九四五年の中盤に入ってもなお、日本の軍部が「最後の一兵まで戦う」覚悟をもち、降伏を拒み続けていたことも確かである。

実は、一九四五年六月一八日の時点で、大統領と軍首脳部からなる「戦略会議」で、同年一一月に南九州に上陸し、そこに航空基地を設けた上で、一九四六年三月には関東平野を侵攻するという日本本土上陸作戦が承認されていた。

その際、軍当局は、アメリカ軍の犠牲者の数を推定六万三〇〇〇～一〇万人だと報告していた。これに対し、トルーマンと陸軍長官のスティムソンは、この上陸作戦で五〇万～一〇〇万のアメリカ兵犠牲者が出ると予想していたのである。

二人が、原爆投下への世論の支持を得るために、故意に犠牲者数を誇張していた可能性も否定できない。しかし、この直前に行われた「硫黄島の戦い」（一九四五年二～三月）や「沖縄戦」（同年三～六月）における日本軍の激しい抵抗から考えて、本土決戦では予想外の犠牲者が出るかもしれないと、強い懸念を抱いたことも想像できる。

原爆投下は、日本の政策決定者集団における力関係を大きく変えた。

当時の日本は、陸軍指導部を中心とした「主戦派」と、重臣や外交官、海軍などを中心とする「和平派」に分かれていた。主戦派は、既に本土決戦を決意しており、降伏は受け入れられないと主張していた。しかし、原子爆弾という莫大な破壊力をもった新型爆弾が使用されたことの衝撃は大きく、和平派が主導するかたちで戦争は早急に終結へと導かれたのである。

この点を考えて、原爆投下にはアメリカ側における犠牲者の数を減らすという理由があったとする、アメリカ政府の見解を理解する意見があることも確かである。

ソ連を牽制《けんせい》する目的？

しかし、原爆投下には他の理由があったとする説もある。

こうした説の一つは、原爆投下の主要目的は、ソ連を牽制することだったとするものだ。戦争中、アメリカとソ連はドイツという共通の敵を倒すために協力していた。しかし、一九四五年五月にドイツが降伏し、日本の敗色も濃厚になると、戦後構想をめぐって、米ソ間でさまざまな軋轢《あつれき》が生じていた。

戦後のアジアで、アメリカの影響力を保持するために、アメリカとしては、ソ連の対日参戦前に日本を降伏させるか、少なくとも日本の降伏におけるソ連の貢献度を下げる必要があった。さらに戦後、アメリカ主導の戦後国際秩序を形成するために、原爆の威力をソ連に見せつけることで、ソ連の行動を抑制しようと考えていたというのである。

別の説もある。当時アメリカは、人、物、カネが、障壁なしに自由に世界中を往来できる戦後国際秩序を形成しようとしていた。その際アメリカは、原爆をも保有する強大な軍事力を誇示することで、ヨーロッパ諸国にも自国のリーダーシップを認めさせ、アメリカを中心とした戦後国際秩序の形成に協力を促したかったという説である。

さらに、開発に多額の費用をかけたことが、原爆投下の原因だったという説もある。アメリカ政府は、マンハッタン計画に約二〇億ドル（二〇〇九年換算で約二三八億ドル）

という巨費をつぎ込んでいた。これは、当時のアメリカ政府歳入の約四％、現在の日本円に換算すると約二兆二〇〇〇億円に相当する金額だ。もし、その原子爆弾を使用せずに戦争が終結すれば、大統領は議会への説明に苦慮することになる。莫大な予算を使って新兵器を開発したのだから、完成時には使用することが当然視されていたというのである。

このように原爆投下の原因をめぐっては、さまざまな学説が出されており、そのどれも否定し切ることは難しい。

一九四五年七月二四日、ポツダム会談の席上で、トルーマンはソ連のスターリンに破壊力の大きな新型爆弾（原爆）のことを告げている。

翌二五日、トルーマンの承認の下、「一九四五年八月三日前後に、広島、小倉、新潟、長崎のどこか一か所に投下せよ」という、原爆投下の正式命令が戦略空軍司令官に下された。その日、トルーマンは「今日から八月一〇日までの間に、日本にこの兵器（原爆のこと）を使用することになっている」と日記にしたためている。

次の二六日、日本に対し、無条件降伏を呼びかける「ポツダム宣言」が発せられた。これに対し、当時の鈴木貫太郎首相は、ポツダム宣言を無視して徹底抗戦を唱えた。このことが、トルーマンに原爆投下の大きな口実を与えたのである。

投下候補地はどう決まったのか?

では、原爆投下の場所は、なぜ広島と長崎になったのであろうか。

両都市の悲劇が起きる四か月前の四月二七日、アメリカ政府内で、第一回「原爆投下目標地設定委員会」が開催された。

そこでは、投下候補地として、広島、八幡、横浜、東京、東京湾、川崎、名古屋、大阪、神戸、京都、呉、小倉、下関、山口、熊本、福岡、長崎、佐世保の名前が挙げられ、検討が始まった。

さらに五月一〇日から一一日にかけて、二回目の委員会が開催され、投下目標地の絞り込みが行われた。この際、選定基準としては次の三つの条件が掲げられていた。

①直径三マイル(約四・八三キロメートル)以上の都市

②爆風によって効果的なダメージを与えることが可能な地域。つまり、山や丘などに囲まれていたり、周辺に破壊の対象となる物が広い範囲にわたって広がっている地域

③八月までの空襲予定地に入っていない場所

この三つの条件の下、会議で「AA候補地」、つまり最有力候補地として挙げられたのが、京都と広島であった。それに続く「A候補地」には横浜と小倉が入り、その次の「B候補地」としては新潟が挙げられた。

東京については、原爆投下によって皇居を破壊することによる心理的効果は絶大だが、度重なる空襲で既に焦土と化しており、原爆の威力を示す効果が半減するために、投下候補地としてはふさわしくないという判断がなされていた。

こうした議論を経て、優先度でA以上になった京都、広島、横浜、小倉の四都市が原爆投下候補、新潟が予備候補となったのである。

この会議では、原爆投下が日本の国内外に与える心理的効果が重視され、議論の焦点となった。そのため、京都への投下が効果的だとする意見も強かった。京都には教育機関や言論関係者なども多く、彼らが目の当たりにした惨状を語ることで、多くの日本人が恐怖感にかられ、降伏が早まるだろうと考えられたのだ。

五月二八日、三回目の委員会が開催され、第一候補に京都、第二候補に広島が選定された。一九四五年三月以降、日本の主要都市への空襲が激化していったが、選定以降、原爆の破壊力を正確にはかるために、これら二都市は空襲リストからはずされることとなった。

広島と長崎への原爆投下

この時期、既に京都は空襲を受けていたが、東京や大阪よりは被害が少なかった。さらに、山に囲まれているという地理的条件や、一〇〇万人都市という人口規模を考慮に入れると、原爆の効果を正確に把握するためには、広島よりもターゲットとしては優れていると考える関係者も多かった。

それに対し、陸軍長官のスティムソンは、京都を原爆投下の候補地からはずすべきだと主張したといわれている。原爆で、京都にある多数の歴史的文化的遺産を破壊してしまうと、戦後、多くの日本人が恨みを抱き、日本がソ連陣営についてしまう恐れがあるというのが、その理由だったようだ。

トルーマンも了解し、京都のかわりに小倉と長崎の二都市が候補地になった。

小倉は人口約一八万人で、国内最大の陸軍兵器廠《へいきしょう》や軍需品工場、九州最大の鉄道工場、大規模な軍需物資保管施設といった多くの施設があった。一方の長崎は、人口二一万人で、九州の海運、工業の中心地だとアメリカ側は分析していた。

しかし、島嶼《とうしょ》が多いという地理的特徴や、既に大空襲を受けていたために原爆の威力を正確にはかれない可能性があることなどの理由で、候補地としては、小倉の方がより適していると考えられていた。

こうした経緯で、一九四五年七月の時点では、広島、小倉、長崎の三つの候補地が残っていた。広島は、もともとＡＡ候補地であっただけではなく、三つの候補地の中で、唯一、連合軍捕虜のいる収容所がない都市だった。そのため、広島が第一候補地と定められたのである。

一九四五年八月六日、第一目標・広島、第二目標・小倉、第三目標・長崎として、原爆投下指令が出た。この日、広島は快晴で視界もよかった。午前八時一五分、原子爆弾が炸《さく》裂《れっ》した。日本が人類最初の原爆被爆国になった瞬間であった。

さらに、三日後の八月九日、第一目標・小倉、第二目標・長崎として、二発目の原爆投下命令が下った。この日、小倉上空が雲で覆われ、投下することができなかった。そのため、原爆を積んだB29は長崎に向かった。長崎上空も雲に覆われていたが、雲の切れ間から長崎市内を目視することができた。午前一一時二分、長崎に原爆が投下された。

両都市の惨状は、想像以上のものであった。世界中が大きな衝撃を受け、これ以降、現在にいたるまで核兵器は使用されていない。

戦争によって拡大した女性の権利

近年の女性の活躍

アメリカでの女性の活躍には目をみはるものがある。

二〇〇八年に民主党の大統領予備選挙に出馬し、その後、オバマ政権で国務長官となったヒラリー・クリントンは、ファーストレディのころから世間の注目を浴びてきた人物だ。また、同じ二〇〇八年の大統領選挙では、共和党の副大統領候補になったサラ・ペイリンの登場も、大きな話題となった。

それ以外でも、多くの女性がアメリカ社会の中で確固とした地位を築いている。

たとえば、一九八一年には、アリゾナ州地方裁判所の判事などを務めたサンドラ・デイ・オコナーが、アメリカ史上初めて、女性の連邦最高裁判所判事として就任している。さらにその二年後の一九八三年、アメリカ人女性初の宇宙飛行士サリー・ライドがスペースシャトル・チャレンジャー号に搭乗した。

また、一九七〇年に医師の中に占める女性の割合は、八％弱に過ぎなかったが、二〇〇六年には三倍以上の二八％弱にまで増えている。アメリカ軍に占める女性兵士の割合では、一九七三年に一・六％に過ぎなかったものが、二〇〇九年には一四％以上になっている。

こうした数字の変遷をみればわかるように、女性の活躍は昔から当たり前だったわけではない。その陰には、女性たちの長い闘いの歴史があったのである。

女性たちによる不買運動

女性の社会的な活動という面で言えば、一八世紀の独立戦争期に既にみることができる。それは、本国イギリスに対する「不買運動」だった。当時、イギリスから輸入される紅茶や衣類は、北米植民地で広く行き渡り、日常生活における必需品と考えられていた。しかし北米植民地の主婦たちは、イギリスとの対立が深まる中で、こうした物品の不買運動を自発的に行ったのである。この運動は、女性の間で愛国心を高める契機になると同時に、イギリスの輸出にも大きなダメージを与える意味があった。

こうした動きに押されるかたちで、一七七四年に大陸会議は、イギリスとの間での日用品の輸出入停止や、イギリス製品の販売中止などの方針を定めた。

それまで女性の活動と言えば、主に教会などでの奉仕活動であり、家庭外で政治的役割を果たすということは、当時としては極めて異例なできごとだった。これは、独立戦争期という激動の時期だったからこそできたことだったが、その後、女性が連帯を強めていく遠因ともなっている。

それ以前、一七〜一八世紀の北米植民地では、女性が結婚すると、財産は夫の管理下に置かれていた。独身女性ならば、自由に不動産の売買・所有・譲渡、契約書への署名、賃貸料の収集や管理ができたが、ひとたび結婚すると、これらの権利はすべて夫のものとなった。植民地には、本国イギリス社会で慣行的に行われていた「慣習法」が適用されており、この慣習法では既婚女性の権利が厳しく制限されていたからである。

この慣習法に基づく女性の立場は、独立宣言が出され、イギリスとの戦争に勝利した後も変わらなかった。当時、自分たちの権利について声をあげた女性もいたが、社会的な注目を集めることはほとんどなかったようだ。

だが、独立戦争という大きな流れの中で、不買運動という社会活動に接し、実際に参加することで、政治的な意識を高めた女性も大勢いたのである。

「共和国の母」という役割

アメリカ独立革命のめざすところは「共和国」の実現だった。

新しくつくられる国家では、国民こそが主権者であり、主権者たる国民が国を運営していくという考えである。そして、共和国の発展のためには、主権者としての国民が徳を育むことが必要だと、当時の指導者たちは考えていた。

それまで子育ては、本国イギリスと同様、完全に私的なものだったが、独立後は、共和国の基礎となる「徳のある者を育てる」という公的な意味をもつように変化したのである。

これを機に母親は道徳的存在となり、家庭は子どもの徳を育む神聖な教育の場となっていった。

こうしてアメリカ人女性は、独立後、「共和国の母」という社会的な役割を担うこととなった。一九世紀前半、アメリカの工業化が進み、生産の場は徐々に、家庭内から家庭外に移っていった。職場という「男の世界」ができたことによって、家庭はますます「女の世界」となった。その結果、男性はお金を稼いだり、政治活動を行ったりする一方で、女性は精神的安らぎのある家庭を提供するという、社会の役割分担ができていったのである。

当時、アメリカでは家族の絆が重要視されていた。一八二二年、アメリカの詩人クレメント・ムーアは、八頭のトナカイのそりに乗った聖ニコラスが、クリスマスイブに煙突から入ってくるという、現在のサンタクロースの原型を「聖ニコラスの訪問」という詩に描き出したが、ちょうどこのころ、アメリカではクリスマスを休暇とし、家族団らんで過ごす習慣が形成されていった。また、一八三〇〜四〇年代には「ホーム・スイート・ホーム」といった歌も流行し、家族の団らんが強調された。ちなみにこの歌は、日本でも翻訳され、平成一八年に「日本の歌百選」の一つに選ばれた「埴生《はにゅう》の宿」の名で親しまれている。

その一方で、アメリカにはある社会問題が起きていた。男性の飲酒量が増えていたのだ。

アメリカ西部の農民はとうもろこしや麦類を栽培していたが、東部の市場まで輸送すると腐敗してしまうため、それらの作物を使って蒸留酒（ウィスキー）をつくり、市場へ出していた。その結果、安価な蒸留酒が流通するようになり、一八三〇年には、一人当たり年間アルコール飲料消費量が、現在の三倍以上に当たる七ガロン（約二六・五リットル）を超えるまでになっていたのである。

過度の飲酒はさまざまな問題を引き起こした。多くの労働者たちが、なけなしの賃金をはたいて酒場で酔いつぶれ、泥酔状態で帰宅し、妻や子どもに暴力を振るったのだ。

そこで女性たちは、家庭の安寧を維持するためには、夫を堕落させるような社会を改革する必要性を痛感するようになった。女性は、再度ここで立ち上がり、禁酒をすすめる運動に参加したのである。

一八二六年には、ボストンで「アメリカ禁酒協会」が設立され、八年ほどの間に全米各地に五〇〇〇以上の地方禁酒協会が設立された。この協会会員の三分の一から二分の一が女性だったと言われている。このように、女性は、家庭を守るために積極的に外の世界へ飛び出し、社会改革に関与することとなったのだ。

「財産権」が認められる

一九世紀に入ると、既婚女性の財産権に関しても変化がみられた。

アメリカは、一八〇三年にフランスから広大なルイジアナの土地を買収し、領土が二倍になったが、このことも一つのきっかけとなったのである。

というのも、英米法（コモン・ロー）体系を持つイギリスやアメリカと違い、ルイジアナを植民地にしていたフランスは大陸法（シヴィル・ロー）体系という異なる法体系を持っていたからである。

この時代、大陸法体系は、女性の権利をより擁護する傾向があった。フランス統治下のルイジアナは大陸法体系下にあり、既婚女性も自分名義の財産を持つことができた。この習慣が、アメリカの一部となった後も続いたのである。

さらに、一九世紀中ごろになると、アメリカにおける民主化の進展と並行して、ニューヨーク州、ミシシッピー州、ミシガン州、マサチューセッツ州、テキサス州などで、次々と既婚女性財産法が制定されることになった。これによって、既婚女性が自分の財産を管理し、不動産の所有、賃貸、売却などを行うことも可能になったのである。

こうした動きの中、一八四八年には、ニューヨーク州セネカ・フォールズで、アメリカ史上初の大規模な女性の権利に関する集会が開催され、男女約三〇〇人が参加した。そこでは、財産権や離婚権などさまざまな女性の権利を要求する決議案が満場一致で採択されたのである。

しかし、女性参政権に関しては議論が紛糾した。この集会の主催者エリザベス・スタントンは、政治的平等こそ女性解放の鍵《かぎ》だと主張したが、ここに集うような、女性の権利伸張に前向きな人たちですら、参政権は女性の領域を逸脱する行為だと反対したのだ。

最終的に、スタントンの強力な説得によって、この決議は採択されたものの、実際には女性参政権が認められると考えていた人は少なかった。

選挙権をめぐる闘争

一九世紀前半、女性たちは禁酒運動だけでなく、奴隷解放運動にも深く関わった。これは、女性たちもまた、黒人奴隷たちと同様、参政権を有していなかったことと大きな関連がある。

南北戦争直後、一八六八年に制定された憲法修正第一四条では、州が「成年男子市民」の投票権を制限した場合、その州の下院議員定数を削減することが規定された。成年男子市民には当然、黒人も含まれており、これは人種による政治的差別をなくそうとした規定である。

こうした状況の中、南北戦争以前から奴隷解放運動と共闘していた女性の権利拡張運動家たちは、女性の参政権も実現できるだろうと期待していた。そこでスタントンらは、この条文から「男子」という言葉を削り、「成年市民」とするように求めた。しかし、このスタントンらの要求は通らなかった。

このころ、連邦議会を支配する共和党は、支持者となった解放奴隷の投票権を、より確実なものにすることで、南部における共和党の支配を確立しようと考えていた。その一環として、一八七〇年には憲法修正第一五条が定められた。この修正条項では、人種、肌の色、元奴隷という身分によって投票権を制限してはならないと規定が盛り込まれた。先ほどの修正第一四条を補強したのである。

このときもスタントンらは、性による投票権の制限の禁止を求めたが、やはりここでもその要求は却下された。つまり、成人女性は憲法によって投票権が保障されず、実質的に市民とは言えない状態に置かれていたのである。

これ以降、女性権利拡張運動の主な目的は、憲法修正による女性参政権の獲得へと焦点が絞られることになった。

広がる女性参政権

女性参政権に、はじめに大きな道を開いたのは西部だった。

西部の荒野では、女性も社会に貢献することが期待されており、その見返りに、女性の権利も広く認められていた。参政権においても、一八六九年にワイオミング州が女性への付与を決定したのを皮切りに、コロラド州（一八九三年）、ユタ州（一八九六年）、アイダホ州（一八九六年）と西部の四州が、一九世紀中に女性参政権を承認していた。

一八九〇年になると、女性参政権をめざす「全米女性参政権協会」が結成され、全米で活発な運動を展開した。この結果、西部諸州や東部のニューヨーク、さらには保守的な中西部のミシガンなどでも女性参政権が承認されていった。

二〇世紀に入ると、戦争が女性の権利伸張に大きな役割を果たした。

一九一七年に、アメリカが第一次世界大戦に参戦すると、女性もさまざまな形で戦争に協力した。

たとえばこの時期に、アメリカ史上初めて、女性が大規模に軍隊に動員されている。そして、実際の戦闘への参加はしなかったものの、一万六〇〇〇人以上の女性が、海外で自動車や救急車の運転手、栄養士、看護婦、食堂給仕、事務職員、電話交換手などの任務を果たしたのである。国内でも、一万二〇〇〇人以上の女性が海軍・海兵隊に入隊し、一万人以上が軍関係の事務所や病院に勤務した。

さらに女性は、男性が戦場に出かけたあと、国内産業の労働者としても活躍した。

戦時中、一〇〇万人以上の女性が鉄鋼、軍需品、トラック輸送、公共輸送など、それまで男性の領域と考えられていた職場に進出している。当時の全労働者数四〇〇〇万〜四四〇〇万人と比べると、女性労働者が占める割合は二〜三%でしかなかったが、「男性の領域」に女性が進出する機会が与えられたことは、その後のアメリカ社会に大きな影響を及ぼした。

このような女性の活躍を目の当たりにし、大統領ウッドロー・ウィルソンは、女性の戦争支持をとりつけようと、女性の参政権にも理解を示した。第一次世界大戦後の段階では、多くの州で女性の投票が認められ、女性参政権に対する偏見も少なくなっていた。こうした状況下で、一九二〇年、憲法修正第一九条によって女性参政権が認められた。

他国での女性参政権に目を向けると、ニュージーランドが一八九三年に世界で初めて女性に参政権を与えていた。二〇世紀に入ると、フィンランド、デンマークなど女性参政権を認める国が増えていった。アメリカも、こうした世界の動きと軌を一にしたのである。

ただし投票権を得たあと、女性が一致団結して特定の候補を支持し、政治に大きな影響を与えるということはなかった。女性権利拡張運動自体も、その主要目的であった参政権の獲得を実現してしまうと、次第に下火になってしまったのだ。

女性にさらなる激動の変化を起こさせる原因となったのは、やはり戦争だった。

第二次世界大戦が促した女性の社会進出

第二次世界大戦は、第一次世界大戦以上の総力戦となった。そのためアメリカ軍部では、女性を戦闘要員として動員したいと考えていた。しかし、当時の議会やアメリカの世論は、たとえ戦争という非常事態になったとはいえ、女性を戦闘要員として戦場に送り込むことを許容しなかった。そのかわり、看護婦、整備士、無線技師、民間パイロットなど非戦闘要員として、二〇万〜三〇万人の女性が軍隊に動員されることになったのである。

結果的にこの戦争は、女性の労働市場への進出を、質・量両面で劇的に促進するという状況をもたらした。

一九四一年一二月、アメリカが参戦した際、すでに一二〇万人ほどの女性が就労しており、それは当時の就労者全体の四分の一ほどだった。戦時中、女性就労者数は激増し、終戦時には、就労者全体の三分の一にあたる一八〇〇万人ほどが就労していた。

さらに戦前は、働きに出るのは若い独身女性で、結婚すれば家庭に入って専業主婦になるのが当たり前だという社会的風潮があった。しかし、戦時中の労働力不足を補うために、多数の既婚女性が政府機関の事務員などのサービス部門、軍需工場、耐久消費財製造工場などに就職したのである。

こうした状況の変化は、労働に対する女性の意識も変えていった。一九四五年の政府調査によれば、就労女性の四分の三は戦後も仕事を続けたいと考えていた。戦争後、女性の就労率は落ちたものの、まもなく上昇に転じ、一九六〇年の時点では、労働人口の三分の一が女性で、既婚女性の三人に一人が働いていた。

他方、男性の多くは、既婚女性の就労は戦時の一時的な現象だと考え、「女性の本分は家庭と子育て」という伝統的な観念をもち続けた。こうした現実と観念の小さなギャップは次第に大きくなり、一九六〇年代以降にさまざまな軋轢をもたらすことになる。

家庭からの解放

一九六〇年代、公民権運動の高まりに刺激を受けて、女性の権利拡張運動の気運が高まった。

一九六一年にケネディが設置した「女性の地位に関する大統領の諮問委員会」は、二年後の一九六三年に、「アメリカの女性」という報告書をまとめ、アメリカ社会における性差別の現状を示した。

同年、女性運動家のベティ・フリーダンは『新しい女性の創造』という本で、郊外のマイホームで恵まれた生活をおくる白人中流主婦は、外見こそ幸せそうだが、心は決して満たされておらず、「ビロードの収容所」にとらわれていると主張した。フリーダンの言動はそれ以降、女性の権利拡張運動に大きな影響を与えることとなった。

一九六四年七月、公共施設、投票、教育、雇用における人種差別の禁止を定めた「公民権法」が制定された。この法律は一般的に、黒人の公民権を保護したものと言われているが、実は女性の権利拡張にも大きな役割を果たしている。この法律の第七篇では、人種、肌の色、宗教、国籍だけでなく、性による雇用差別も禁止されていたからである。

皮肉なことに、性という用語を法案に挿入したのは、女性の権利拡張運動に反対していた、ヴァージニア州選出の保守派下院議員だった。彼は、女性の権利に関する条文を挿入すれば、公民権法案の通過を阻止できるだろうと考えたのだ。

ところがこの前後、黒人の権利擁護の運動が最高潮に達していた。たとえば一九六三年八月には、公民権運動の一環として、首都ワシントンD.C.で二〇万人以上の参加者によるデモ行進が行われ、黒人指導者であるマーティン・ルーサー・キング・ジュニアが、有名な「私には夢がある」という人種差別撤廃を唱えた演説を行っていた。

さらに一九六三年一一月には、公民権運動に理解を示していたケネディが暗殺されるというできごともあった。ケネディの遺志を継ぐことは政治上の大きな課題となり、ついに一九六四年七月、公民権法が制定されたのである。そして、公民権に付随するかたちで、女性の権利も拡張されたのだ。

一九六〇年代以降の女性の権利拡張運動では、雇用の問題だけではなく、さらに大きな目標も掲げられた。それは、性別にかかわらず、すべての市民に憲法の平等な適用を保証するという、「男女平等憲法修正条項」(ERA)問題だった。

ERA推進者は、女性の権利を制限するような法律が制定されるのを防ぎ、女性が家庭という伝統的社会通念を押しつけられないようにすることが重要だと考えていた。そのために、性別による差別の禁止を、アメリカ国家の基本法である憲法で規定することが必要だと主張した。

その一方で保守層は、ERAが批准されることで、伝統的な社会形態が崩れてしまうことを恐れていた。こうした考えをする人々の中には、女性も含まれている。

こうしてＥＲＡは、今日にいたるまで連邦議会での争点になり続けている。

アメリカでは、連邦議会の上下両院議員の三分の二以上が必要と認めるとき、あるいは全州の三分の二以上の議会の請求があるとき、憲法修正案が発議される。そして、全州の四分の三以上の憲法会議で批准されると、正式に憲法修正条項となる。

一九七二年、この憲法修正条項案が、上下両院を圧倒的多数で通過した。あとは、全米五〇州のうち四分の三以上の州（三八州）での批准を残すのみとなった。

保守層はここで一計を案じた。ＥＲＡが成立すれば、女性が徴兵されたり、公衆トイレやロッカールームで男女の区別がなくなったり、家庭を重んじる女性の意思にかかわりなく無理やり働かされたりすると発言することで、国民の不安を煽ったのである。

この作戦は成功し、批准期限だった一九八二年六月末までに、批准した州の数は、成立までに三州足りない三五にとどまった。そのため、この修正条項案は不成立となった。

現在も、フェミニストのグループやＹＭＣＡなど、ＥＲＡを支持する組織がたくさんあり、上下両院議員の中にも、多数のＥＲＡ支持者がいる。こうした支持を背景に、その後もＥＲＡの法案は議会に提出され続けている。

初の黒人大統領が登場するなど、「変化」を求めるアメリカでは、何かのきっかけがあればＥＲＡが成立する可能性もまったくないとは言いきれない。

国を二分する妊娠中絶問題

一九六〇年代に女性の権利拡張運動で大きな争点になったのは、雇用やＥＲＡだけではない。

現在に至るまで大きな問題になっているのが妊娠中絶問題だ。

アメリカは一九世紀後半からほとんどの州で妊娠中絶が禁じられてきた。だが、一九六〇年代には、中絶許容条件の緩和を求める動きとともに、女性は自分の身体に対する「自己決定権」をもち、中絶は女性の「基本的人権」で、無条件で容認されるべきだという主張も出てきた。だが、これを「胎児殺し」とみなして、倫理観や宗教的教義から反対する人も多く、女性の間でも意見がまとまっているわけではない。

この状況に対し、一九七三年一月、アメリカ史上、画期的な最高裁判決の一つに数えられる「ロウ判決」が下された。この判決は、妊娠初期三か月までの中絶が「女性の権利」

とされ、州法で規制することはできないという内容である。現在も基本的にこの原則が通用されている。ただしこの問題は、現在でも大統領選挙、議会選挙、最高裁判事任命承認の際などに、大きな論点となり続けている。

本章でみてきたように、これまで多くの女性が自らの権利拡張運動を推進してきたことで、現在の女性たちには家庭に入ったり、仕事で活躍したりと、幅広い選択肢が提供されている。

だが、最近の世論調査や女性の価値観に関する研究によると、現代女性の中には、「戦う女性」にあまり魅力を感じない者もいるようだ。キャリアウーマンをめざしたり、仕事と家庭の両立が可能になる環境作りのために戦ったりするよりは、家庭の重要性とその中での女性の役割を見直す女性も増えてきているのである。ある意味で、注目すべき現象とも言えるだろう。

ヴェトナム戦争の遠因は日本占領にあった

フランスの戦争を引き継いだアメリカ

ヴェトナム戦争は、一見、日本人とはあまり関係がないできごとのように思われる。だが実は、連合国軍の対日占領政策の中に、ヴェトナム戦争介入の遠因が存在していたのである。これはどういうことか。まずは、ヴェトナムの支配の歴史にさかのぼってみていきたい。

一九世紀後半、ヴェトナムはフランスの支配下にあった。一九四〇年代には日本軍が進駐したが、第二次世界大戦後に独立を果たした。しかしこのとき、独立を認めなかったフランスはヴェトナムと戦闘を交えたのである。

アメリカは、戦後ヨーロッパ再建のためにフランスの復興が重要だと考え、その一環として、ヴェトナムにおけるフランスの権益擁護にも理解を示していた。けれども、フランスの植民地政策の復活には表立って賛成もできず、中立を保っていた。ところが、一九四九年一〇月に中国に共産主義政権が登場すると、ヴェトナムへの共産主義の拡大を防ぐ必要に迫られた。一九五〇年七月、トルーマンは、フランスを支援するために一五〇〇万ドル（二〇〇九年換算で約一億三〇〇〇万ドル）の支出を承認した。しかしこの時点では、直接介入を避けるため、資金供与や軍事顧問団の派遣などといった協力にとどめていた。

だが、ゲリラ戦法に悩まされたフランスは、最終的に一九五四年七月に、ヴェトナムとの間で休戦協定を結び、撤退することとなった。この時期までにアメリカは、計三〇億ドル（同約二三九億ドル）の援助をフランスに提供し、フランスの軍事費の七〇〜八〇％を肩代わりしていた。

休戦協定により、北側にはホー・チ・ミン率いるヴェトナム民主共和国（北ヴェトナム）が、南側にはゴ・ディン・ジエム率いるヴェトナム共和国（南ヴェトナム）が、北緯一七度線を境界として対峙《たいじ》することになった。これ以降、アメリカは約二〇年間にわたり、南ヴェトナムを中心とした統一国家を形成するために、軍事介入を行うようになったのである。

日本経済の復興とGHQ

次に、アメリカの日本占領期の状況についてみてみよう。

連合国の対日占領の二大目標は、「非軍事化」と「民主化」であった。そのために、軍隊を解体し、新憲法では戦争の放棄を謳い、天皇を象徴として「主権在民」を定めた。非軍事化と民主化は順調に進展していったが、その成果を根づかせるために、アメリカ政府は、日本経済の復興が不可欠だと考えるようになったのである。

日本経済の復興に対する最大の障害は「インフレ」だった。たとえば、終戦直後から一九四九年初めにかけての年平均インフレ率は、一二〇〜一三〇％にのぼっていた。そのため、一九四四〜四九年のわずか五年間で、卸売物価は約九〇倍、小売物価は約六〇倍に急上昇していた。

占領初期の段階では、ＧＨＱ（連合国軍総司令部）の意向もあり、インフレの抑制よりも増産こそが最大の目標となっていた。しかし、大蔵省（現財務省）と日本銀行は、軍国主義時代、軍事費が歯止めがきかないほど増大してインフレとなり、国民生活を直撃したという苦い経験をもっていた。そのため戦後には、一貫して均衡財政を訴えたのである。

占領当初、日本における生産増強を第一目標としていたGHQは、インフレ抑制にはあまり関心を向けていなかった。しかしアメリカ政府は、経済が回復の兆しをみせ始めた一九四八年ごろから次第に、日本経済の安定と復興のためには、財政の健全化によってインフレを抑制し、輸出力を高めることが重要だと認識するようになっていった。

ドッジによる経済復興の処方箋

一九四九年、日本の均衡財政を達成するため、トルーマンは、デトロイト銀行頭取のジョセフ・ドッジを日本に派遣した。

ドッジは、それまでの日本の予算の考え方とは異なり、一九四九年度の一般会計、特別会計、その他の政府関係機関や地方自治体の予算などすべてを合わせた「総合予算」で赤字が出ないようにした。この経済政策を「ドッジ・ライン」という。

総合予算の赤字額をみてみると、一九四六年度は八九三億円で、国民総生産（GNP）

の二三・六％、一九四七年度は五〇九億円で同四・五％、一九四八年度は八八七億円で同四・一％であった。しかし、ドッジが経済政策を担当するようになった一九四九年度には、一気にGNPの六・九％に当たる二一一六億円の黒字となっている。

こういった状況を考えると、ドッジ・ラインは大変な荒療治だったと言える。しかし、ドッジ・ラインのおかげで、日本経済は急速に安定化に向かい、インフレ率は一九四八年の八〇％から、一九四九年には二四％に低下した。

ドッジ・ラインの狙いは、均衡財政政策によって日本経済を安定させ、輸出拡大のために国内消費を抑制し、効率的で自立的な経済を確立し、世界経済の荒波の中で、競争にうち勝つことだった。

ドッジの見解は、既にアメリカ政府内でも共有されていた。アメリカ中央情報局（CIA）は、日本が近代国家として存在するためには外国貿易が必要不可欠であり、日本はまさに「輸出かさもなくば死か」という選択を迫られている状態だと分析した。国務省も、日本が自立経済を確立するために、外国貿易の再興が重要な鍵になると分析していた。貿易は日本経済の大動脈とも言うべき重要性をもっていたのである。

敗戦後、貿易に関しては、すべてGHQを通じて行う管理貿易体制がしかれていたが、一九四七年八月、一部の輸出品に関して民間貿易が認められるようになった。このときに懸案となったのが、為替相場の問題である。

当時の民間貿易においては、国内産業の保護政策の一環として、品物の競争力や重要性に応じて、複数の為替レートが使われていた。これに対し、日本経済復興の活路を民間貿易再開に求めていたドッジは、単一の為替相場こそが望ましいという立場を取った。

さらにドッジは、日本の経済力を考えると一ドル＝三三〇円が適正な為替レートだと考えていた。しかし実際には、少し円安気味に為替レートを設定することで、日本の輸出を振興しようと考えていたアメリカ政府の強い意向によって、一ドル＝三六〇円に設定された。そしてこの為替レートは、一九四九年四月二五日から適用されたのである。

インフレを収束させ、単一為替レートを設定することで、日本経済復興の必要条件はそろった。あとは十分条件、つまり、原料や食糧などを日本に輸出し、日本からの生産品を購入する「市場」を確保する必要があった。

日本の市場として注目された東南アジア

ドッジは、輸出の増大が、日本の国内需要減少による経済的損失を穴埋めできると期待していた。しかし、一九四八〜四九年の世界不況のために、日本の輸出は伸びず、国内の経済状況は悪化した。この不況によって、官民とも人員整理を迫られることになった。

一九四九〜五〇年にかけて、公共部門で四二万人前後、民間部門では五〇万人以上が解雇された。その結果、日本人の間で反ドッジ・ライン感情が広まり、占領軍に対する不満も高まった。ドッジ・ラインの成果は、アメリカが日本にとっての魅力的な市場を提供できるか否かにかかっていたのだ。

CIAは、日本製品は粗悪でコスト高であり、ヨーロッパ市場では競争力がなく、現実的な輸出先はアジア市場だけだと分析していた。戦前、日本の最大の貿易相手は旧満州を含む中国だったが、一九四九年一〇月に中国に共産主義政権が成立すると、日本の貿易相手としてあまり期待できなくなった。そこで、日本を西側陣営に留めておくため、日本と東南アジア地域との経済的結びつきが注目された。効率のよい分業体制、すなわち、東南アジアは安価な第一次産品と食糧の供給地および製品の市場となり、日本は「アジアの工場」になる、という体制を形成しようというのである。

同様にアメリカ軍部と国務省も、日本の経済復興にとって、東南アジアから共産主義を排除し、日本の主要な貿易相手国として復興させることが重要だと考えていた。さらにドッジも、日本の貿易が伸びるか否かは、アジア諸国の政治的安定次第だと主張していた。東南アジアが共産化せず、政治的に安定することこそが、日本経済復興の大前提だとされたのである。

しかし、東南アジアに政治的安定をもたらすことは至難の業だった。

たとえばヴェトナムでは、民族独立派がフランスからの独立を要求して戦っていたし、インドネシアではオランダからの独立戦争が起こっていた。そこで、このような東南アジア諸国で活発化しているナショナリズムを抑える必要があったのである。

このような状況の中で、トルーマン以下、国務長官、国防長官、陸・海・空軍の各長官などから構成される「国家安全保障会議」（NSC）では、東南アジアに安定をもたらすため、専制的な強権政府を支持することもやむをえないという結論が出された。そしてその前提にあったのは、アジア人は野蛮で民主的統治能力がなく、力がものをいう存在だととらえる蔑視観だった。アメリカの南ヴェトナム政府支援は、こうした考え方や政策の一環であった。

こうしてアメリカは、情勢不安定なこの地域に政治的安定をもたらす必要に迫られることになった。ドッジ・ラインによって日本経済の立て直しを図ろうとしたアメリカは、東南アジアの情勢安定化という難問に直面することになったのである。

朝鮮特需の終焉

朝鮮戦争は、東南アジアの重要性をさらに高めることとなった。

ドッジ・ラインの実施によって、日本は深刻なデフレに見舞われていたが、一九五〇年六月に勃発した朝鮮戦争は、日本経済復興にとってまさに「神風」となった。日本は軍需品、船舶・戦車・ジープなどを米軍から受注した。いわゆる「朝鮮特需」である。その額は一九五〇〜五一年で五・九億ドル（二〇〇九年換算で約五三億ドル）、一九五二年と一九五三年は各々八億ドル（同約六五億ドル）にものぼり、これは、当時の一般会計歳入額の約四分の一に相当していた。潤ったのは、とくに繊維・金属・化学・運輸・機械・電気産業などであった。この朝鮮特需のおかげで、日本人の生活は、一九五一年には、戦前の一九三五年前後の水準にまで回復していた。

朝鮮戦争は、日本の貿易拡大にも貢献した。ドッジ・ラインでインフレが収束し、円安の単一為替レートも設定されたために、日本は劇的に輸出を伸ばすことができたのである。日本の輸出は、一九四九年から一九五〇年にかけての一年間に八九％増し、次の一年間にさらに四〇％増加した。

しかしその一方で、ドッジは、朝鮮特需が一時的なものだと考えていた。同様に、日本政府も実業界も、朝鮮戦争が終結すれば特需も終わり、その結果、好況状態も終わりをつげるのではないかと危惧《きぐ》していた。

確かに朝鮮戦争によって、日本だけでなく、ヨーロッパも含めた世界中が好景気に沸いていた。しかし、戦況が膠着《こうちゃく》状態となった一九五一年四月ごろから、景気は下降気味になっており、ドッジは朝鮮戦争終結後、日本経済に大きな揺れ戻しがあると警告していたのである。

既に述べたように、日本の主要な貿易相手国は、かつては旧満州を中心とした中国大陸だった。ところがその中国では、内戦による混乱が終息したのも束の間、一九五〇年一〇月には朝鮮戦争への介入が始まり、それによってGHQは同年一二月、日中貿易の全面的禁止命令を出すことになった。そのため東南アジアは、日本の市場として、また反共の砦《とりで》として、ますますその重要性を増していくことになった。

ドッジ・ラインの実施以降、アメリカは、次第に東南アジアに注目するようになっていたが、朝鮮戦争の勃発と戦争への中国の介入によって、日本と東南アジアというアジアにおける非共産主義国家同士の連帯を強化する重要性を認識したのである。

新たな防波堤となったヴェトナム

当時、東南アジアで最も不安定な地域はヴェトナムであり、そこでの共産主義の拡大が大きな懸念材料となっていた。フランスからの独立戦争でゲリラ攻撃を仕掛けているヴェトナム民主共和国（北ヴェトナム）は、中国と国境を接し、その支援を受けていた。

アメリカ政府には、仮にヴェトナムが共産化すれば、インドシナ全体、インドネシア、フィリピンというように、まるでドミノが倒れていくように、次々と共産化していくという不安があった。そして、東南アジア全体が共産主義の手中に入れば、日本と西欧への食糧や重要な戦略資源の供給源、製品の消費市場が失われる、とも懸念された。

東南アジア諸国は、石油、生ゴム、アルミニウム、ボーキサイトなど、主に原料や資源を西欧や日本に輸出し、機械、金属・化学製品、繊維品などの工業製品を輸入する相手国として位置づけられていた。さらに、アメリカにとってヴェトナムは、東南アジアに共産主義が蔓延するのを防ぐ「最前線の防波堤」とも考えられていた。

アメリカは、東南アジアととくに大きな直接的利害関係をもっておらず、経済的なメリットだけを考えると、介入する必要のない地域でもあった。しかしこの地域は、西側自由主義陣営にとって重要な存在であり、アメリカは、西側の盟主として東南アジアに政治的安定をもたらす必要性に迫られていた。東南アジアの政治的安定は、西側諸国全体の利益となり、ひいてはそれがアメリカの国益になる、という論理である。

こうして、アメリカは東南アジア情勢に深く関与せざるを得なくなっていった。

NSCは、東南アジアが共産化すれば、世界中の非共産諸国が広範な政治的・心理的悪影響を被り、日本にも経済的・政治的な圧力が加えられて、ソ連圏に取り込まれるという懸念を表明していた。統合参謀本部（JCS）も、日本の経済的繁栄は東南アジアに依存していると考え、東南アジアの共産化は、確実に日本を共産圏に追いやると焦燥《しょうそう》感を募らせていた。

アメリカにとって日本は元敵国であり、全面的に信頼のおける国ではなかった。日米両国は、言葉も文化も異なっており、自然な同盟関係を結べるような同質性・共通性は薄かった。そのためアメリカは、アメリカ主導の経済体制に居続けることが、日本の国益にとってプラスだと示すことで、日本を西側陣営に留めようとしたのである。

こうしてアメリカは、東南アジアの政治的安定という困難な問題に介入せざるを得なかった。しかし、一歩踏み込んでしまうと、その影響で次の一歩を出さざるを得なくなるという状態が続いた。ちょうど底無し沼に足をとられたようなものだった。

アメリカは当初、フランスに経済的・軍事的援助を与えることで、ヴェトナムの安定化に努力してきた。しかしヴェトナムでの戦況は、次第にフランスに不利なものとなり、一九五四年、ジュネーヴ休戦協定によって、ついにフランス軍は東南アジアから撤退することになってしまった。この休戦協定において、北緯一七度線で南北にヴェトナムが分断されることになった。

ここにいたってアメリカは、南ヴェトナムに肩入れしなければ、中国とソ連に後押しされた北ヴェトナムが、ヴェトナム全土を支配するようになる危険性に直面したのである。中国が共産化し、朝鮮半島では侵略してきた北朝鮮を圧倒できなかった上に、ヴェトナムでも北ヴェトナムが勝利を得るようなことにでもなれば、西側の盟主としてのアメリカの威信は、地に落ちてしまう。アメリカにとって、これはまさに悪夢のような状況である。

こうしてアメリカは、単独で南ヴェトナムのゴ・ディン・ジエム政府を支援するようになり、ヴェトナムの政治的安定をめざし、ますます介入の度合いを深めていった。

日本の経済安定を目標とするドッジ・ラインの実施によって、アメリカは日本と東南アジアの連携を推進しようとしたが、その前提として、東南アジアの政治的安定を追求することが必須の事項だった。そこでアメリカは、東南アジアに介入していかざるを得なくなり、次第にヴェトナム戦争の泥沼にはまっていき、最後まで抜け出せなかったのである。

あとがき

アメリカは矛盾を抱えた超大国である。

アメリカは、成熟した民主主義国家である。そのために為政者は、ときには陰謀めいたことを行い、国民を欺かざるを得ないこともある。

こうしたことも含めて、アメリカのさまざまな側面をふまえつつ、改めてアメリカという国の姿を見つめ直してみようというのが、本書の趣旨である。

長年、アメリカという国を見てきた私には、複雑で多面性をもつアメリカは、私たち人間の鏡像なのではないか、という思いがつきまとって離れない。アメリカという存在があまりに人間の本性に近いので、私たちは、アメリカに対して愛憎併せ持つ二律背反的な感情を抱いてしまうのではないか。

アメリカは今後も多面的であり、矛盾を抱えながら進んでいかざるを得ない。そのアメリカを全体としてどのように受け止めていくのか。これはある意味で、私たちの存在や意識にも関わる問題である。アメリカに関する理解を深めることは、実は、多面性をもった存在について考察し、理解し、それに対処していくという意味で、私たち自身のあり方にも関わる重要な問題なのだ。

本書の刊行に際して、まず集英社新書編集部の鯉沼広行さんに感謝申し上げる。また、大阪大学の藤原郁郎先生と西川秀和先生には、初期の草稿をお読みいただき、さまざまな貴重なご助言をいただいた。記して御礼申し上げたい。最初に若輩者の小生に声をかけて下さった、(有)エコ・パブリッシングの眞淳平さんにも心より感謝を申し上げる。眞さんには本書の構成・編集をしていただいた。さらに、トーマス・マコーミック先生、有賀貞先生、松田武先生にアメリカ史の手ほどきをいただけたことも、小生の財産として記したい。

妻の昌子は、社会に出て彼女の能力を別の方面で発揮するという道もあったが、あえてその道を選ばず、三人の子どもたちをしっかりと育ててくれている。おかげで、小生は研究に専念することができている。妻が裏でしっかり支えてくれるからこそ、小生が表舞台で演じることができる次第である。本書を妻に捧げたい。

参考文献

明石紀雄・飯野正子『エスニック・アメリカ』新版（有斐閣、一九九七年）
阿川尚之『憲法で読むアメリカ史』上・下（ＰＨＰ新書、二〇〇四年）
秋元英一『世界大恐慌―１９２９年に何がおこったか』（講談社学術文庫、二〇〇九年）
秋元英一・菅英輝『アメリカ20世紀史』（東京大学出版会、二〇〇三年）
阿部斉・久保文明『現代アメリカの政治』（放送大学教育振興会、一九九七年）
アメリカ学会編訳『原典アメリカ史』一〜九巻（岩波書店、一九五〇〜二〇〇六年）
アメリカ合衆国商務省編『アメリカ歴史統計』一、二、別巻（原書房、一九八六年、一九八七年）
有賀貞『アメリカ史概論』（東京大学出版会、一九八七年）
有賀貞・大下尚一編『概説アメリカ史―ニューワールドの夢と現実』新版（有斐閣選書、一九九〇年）
有賀貞・大下尚一・志邨晃佑・平野孝編『アメリカ史』全二巻（山川出版社、一九九三年、一九九四年）
有賀貞・宮里政玄編『概説アメリカ外交史―対外意識と対外政策の変遷』新版（有斐閣選書、一九九八年）
有賀夏紀『アメリカの20世紀』上・下（中公新書、二〇〇二年）
有賀夏紀・油井大三郎編『アメリカの歴史―テーマで読む多文化社会の夢と現実』（有斐閣アルマ、二〇〇三年）
五十嵐武士・古矢旬・松本礼二編『アメリカの社会と政治』（有斐閣ブックス、一九九五年）
五十嵐武士・油井大三郎編『アメリカ研究入門　第三版』（東京大学出版会、二〇〇三年）
生井英考『空の帝国―アメリカの20世紀』（講談社、二〇〇六年）
ウッドワード、Ｃ・Ｖ・『アメリカ人種差別の歴史』新装版（福村出版、一九九八年）

大下尚一・平野孝・志邨晃佑・有賀貞編『史料が語るアメリカ』（有斐閣、一九八九年）
大下尚一・小田健・釜田泰介・中村春次・松山信直編『アメリカハンディ辞典』（有斐閣、一九八九年）
小田隆裕他編『事典　現代のアメリカ』（大修館書店、二〇〇四年）
亀井俊介編『アメリカ文化史入門―植民地時代から現代まで』（昭和堂、二〇〇六年）
川島浩平・小塩和人・島田法子・谷中寿子編『地図でよむアメリカ―歴史と現在』（雄山閣出版、一九九九年）
関西アメリカ史研究会編『アメリカの歴史―統合を求めて』上・下（柳原書店、一九八二年）
紀平英作編『アメリカ史』（山川出版社、一九九九年）
斎藤真『アメリカ現代史』（山川出版社、一九七六年）
斎藤真・金関寿夫・亀井俊介監修『アメリカを知る事典』（平凡社、一九九九年）
佐々木卓也編『戦後アメリカ外交史』新版（有斐閣アルマ、二〇〇九年）
清水克祐編『アメリカ州別文化事典』（名著普及会、一九八六年）
清水知久『ベトナム戦争の時代』（有斐閣新書、一九八五年）
新川健三郎『ルーズベルト―ニューディールと第二次世界大戦』（清水書院、一九七一年）
新川健三郎『ニューディール』（近藤出版社、一九七三年）
ジン、ハワード『民衆のアメリカ史―一四九二年から現代まで』上・下（明石書店、二〇〇五年）
杉田米行『ヘゲモニーの逆説―アジア太平洋戦争と米国の東アジア政策　一九四一年～一九五二年』（世界思想社、一九九九年）
杉田米行編『日米の医療―制度と倫理』（大阪大学出版会、二〇〇八年）
スクラー、ロバート『アメリカ映画の文化史』上・下（講談社学術文庫、一九九五年）
田中英夫編『英米法辞典』（東京大学出版会、一九九一年）

ダワー、ジョン『敗北を抱きしめて―第二次大戦後の日本人』増補版全二巻（岩波書店、二〇〇四年）
トクヴィル、アレクシス・ド『アメリカのデモクラシー』（岩波書店、二〇〇八年）
富田虎男・清水知久・高橋章『アメリカ史研究入門』（山川出版社、一九七四年）
富田虎男他『アメリカの歴史を知るための62章』第2版（明石書店、二〇〇九年）
ニューヨークタイムズ『ベトナム秘密報告』（サイマル出版会、一九七二年）
野村達朗『「民族」で読むアメリカ』（講談社現代新書、一九九二年）
ハーツ、ルイス『アメリカ自由主義の伝統』（講談社学術文庫、一九九四年）
フェレル、R. H.『図説アメリカ歴史地図』（原書房、一九九四年）
フォーナー、エリック『アメリカ自由の物語―植民地時代から現代まで』上・下（岩波書店、二〇〇八年）
藤本博・島川雅史『アメリカの戦争と在日米軍―日米安保体制の歴史』（社会評論社、二〇〇三年）
古矢旬『ブッシュからオバマへ―アメリカ変革のゆくえ』（岩波書店、二〇〇九年）
ヘリング、ジョージ・C.『アメリカの最も長い戦争』上・下（講談社、一九八五年）
細谷千博監修『日本とアメリカ―パートナーシップの50年』（ジャパンタイムズ、二〇〇一年）
安武秀岳・野村達朗・上杉忍『新書アメリカ合衆国史』全三巻（講談社現代新書、一九八八年、一九八九年）
フリーダン、ベティー『新しい女性の創造』改定版（大和書房、二〇〇四年）
本間長世・亀井俊介・新川健三郎編『現代アメリカ像の再構築』（東京大学出版会、一九九〇年）
細谷千博編『日米関係通史』（東京大学出版会、一九九五年）
本田創造『アメリカ黒人の歴史』新版（岩波新書、一九九一年）
ボスキン、ジョゼフ『サンボ―アメリカの人種偏見と黒人差別』（明石書店、二〇〇四年）

ボドナー、ジョン『鎮魂と祝祭のアメリカ―歴史の記憶と愛国主義』(青木書店、一九九七年)
マコーミック、トマス『パクス・アメリカーナの五十年』(東京創元社、一九九二年)
松岡完『ベトナム戦争―誤算と誤解の戦場』(中公新書、二〇〇一年)
松田武『戦後日本におけるアメリカのソフト・パワー』(岩波書店、二〇〇八年)
ムーディ、A.『貧困と怒りのアメリカ南部』(彩流社、二〇〇八年)
本橋正『アメリカ外交史概説』(東京大学出版会、一九九三年)
モリソン、サミュエル『アメリカの歴史』一~五巻(集英社、一九九七年)
山岸義夫他編『アメリカ合衆国の発展』(横野出版、一九八四年)
山田史郎『アメリカ史のなかの人種』(山川出版社、二〇〇六年)
油井大三郎『好戦の共和国アメリカ―戦争の記憶をたどる』(岩波新書、二〇〇八年)
レイトン、イザベル編『アスピリン・エイジ』全三巻(早川文庫、一九七九年)
ローウィック、G.P.『日没から夜明けまで―アメリカ黒人奴隷制の社会史』(刀水書房、一九八六年)
ローゼンバーグ、エミリー・S.『アメリカは忘れない―記憶のなかのパールハーバー』(法政大学出版局、二〇〇七年)
和田光弘『タバコが語る世界史』(山川出版社、二〇〇四年)

編集協力／(有)エコ・パブリッシング

杉田米行（すぎた よねゆき）

一九六二年生まれ。大阪大学大学院言語文化研究科准教授。一橋大学大学院法学研究科修士課程修了。米国ウィスコンシン大学マディソン校歴史学科博士課程修了。歴史学博士。著書に『ヘゲモニーの逆説―アジア太平洋戦争と米国の東アジア政策、1941年～1952年』（世界思想社、一九九九年）、*Pitfall or Panacea: The Irony of US Power in Occupied Japan 1945–1952* (New York: Routledge, 2003) など。

知《し》っておきたいアメリカ意外史《いがいし》

集英社新書〇五五六D

二〇一〇年八月二二日 第一刷発行
二〇一一年一月二四日 第二刷発行

著者……杉田米行《すぎたよねゆき》
発行者……館 孝太郎
発行所……株式会社集英社
東京都千代田区一ツ橋二-五-一〇 郵便番号一〇一-八〇五〇
電話 〇三-三二三〇-六三九一（編集部）
〇三-三二三〇-六三九三（販売部）
〇三-三二三〇-六〇八〇（読者係）

装幀……原 研哉
印刷所……凸版印刷株式会社
製本所……株式会社ブックアート

定価はカバーに表示してあります。

ISBN 978-4-08-720556-5 C0222

Printed in Japan

a pilot of wisdom